Wissenschaft in der digitalen Revolution

Klaus-Dieter Müller

Wissenschaft in der digitalen Revolution

Klimakommunikation 21.0

Mit einem Beitrag von Florian Krauß

Springer VS

Klaus-Dieter Müller
Hochschule für Film und Fernsehen (HFF)
Potsdam, Deutschland

Zusätzliches Filmmaterial finden Sie unter www.springer.com/springer+vs/medien/
book/978-3-658-00880-2.

ISBN 978-3-658-00880-2   ISBN 978-3-658-00881-9 (eBook)
DOI 10.1007/978-3-658-00881-9

Die Deutsche Nationalbibliothek verzeichnet diese Publikation in der Deutschen Natio-
nalbibliografie; detaillierte bibliografische Daten sind im Internet über http://dnb.d-nb.de
abrufbar.

Springer VS
© Springer Fachmedien Wiesbaden 2013

Gedruckt auf säurefreiem und chlorfrei gebleichtem Papier

Springer VS ist eine Marke von Springer DE. Springer DE ist Teil der Fachverlagsgruppe
Springer Science+Business Media.
www.springer-vs.de

Inhaltsverzeichnis

Vorwort von Jürgen Kropp. 9
Vorwort von Dieter Wiedemann 13

Teil I
Gefangen im Elfenbeinturm.
Wissenschaft braucht Medien, aber welche?
Klaus-Dieter Müller 19
1 Worum es geht 19
  1.1 Das Modell der Wissenskulturen. 20
  1.2 Natur- und Geisteswissenschaften und ihre Sicht auf die Welt 21
2 Die Wissenschaft und ihre Freiheit 22
  2.1 Ein Blick zurück 24
  2.2 Selbst- und Fremdbestimmung von Wissenschaft 26
  2.3 Wissenschaft und Ethos 29
  2.4 Reputation und Selbstreferenz. 31
3 Wissensgesellschaft? 32
  3.1 Wissensgesellschaft und Kapitalismus 34
  3.2 Wissenschaftliches Wissen und seine Relevanz 35
4 Wissenschaftskommunikation 36
  4.1 Die „Lebenswissenschaften" im Fokus des öffentlichen
      Interesses – Begriffe und ihre Wirkung auch in der Wissenschaft 37
  4.2 Andere Instrumente der Wissenschaftskommunikation 39
  4.3 Wissensbereiche und die Autonomie ihrer Erkenntnisproduktion. . . . 41
  4.4 Medialisierung als Tauschprozess von Informationen
      und Legitimation 42
  4.5 Wissenskulturen und Öffentlichkeit. 43
  4.6 Agenda-Setting und Agenda-Building: Wer setzt die Themen? 45
  4.7 Die innermedialen Routinen der Selektion von Inhalten 49
  4.8 Die unterschiedlichen Rationalitäten
      von Wissenschaft und Medien. 50

4.9 Medien und ihre Wirkung auf Einstellungen und Verhalten......... 51
5 Kommunikation zwischen Klimawissenschaft und Exekutive........... 53
 5.1 Der Weltklimarat IPCC.. 54
 5.2 Die Arbeitsweise des IPCC und seine Kritiker.................... 56
6 Der Klima-Diskurs und die Problemwahrnehmung.................... 59
7 Restriktionen und Chancen einer Anpassungsstrategie................ 65
 7.1 Das Interesse der Akteure an Veränderung oder Bestand........... 68
 7.2 Politische Gestaltung... 70
 7.3 Psychologie... 72
 7.4 Verantwortungsethik... 73
 7.5 Pioniere des Wandels... 76
 7.6 „Entscheider" als Pioniere des Wandels gewinnen................. 77
 7.7 Neue Berufsbilder/Neue Studiengänge.......................... 78
 7.8 Neue Formen der Weiterbildung und Qualifizierung
     entwickeln und umsetzen..................................... 82
 7.9 Innovative Geschäftsmodelle.................................. 83
8 Diskussion.. 87
9 Thesen... 94
Literatur... 99

Teil II
Klimawandel kommunizieren:
die richtigen Framings, Formate und Zielgruppen
Florian Krauß.. 105
1 Framing... 106
2 Sinus-Milieus und Mediennutzertypologie 106
3 Kommunikationsleitlinien 113
 3.1 Thematisch breit und komplex kommunizieren.................. 113
 3.2 Nachhaltig kommunizieren 116
 3.3 Klimaleugnern begegnen und fundiert kommunizieren 118
 3.4 An und mit Meinungsführern kommunizieren................... 120
 3.5 Klimabewusstsein kommunizieren............................. 122
 3.6 Persönlichen Bezug zum Klima kommunizieren................. 123
 3.7 Individuelle Handlungsmöglichkeiten und Partizipation
     kommunizieren... 124
 3.8 Positiv und unterhaltsam kommunizieren 128
4 Fazit und Ausblick.. 130
Literatur... 131

Mein herzlicher Dank gilt meinem Partner in der Projektleitung der „Climate Media Factory" vom PIK Potsdam Institut für Klimafolgenforschung, Prof. Dr. Jürgen Kropp, und dem Medienwissenschaftler Dr. Florian Krauß für seine wertvolle „Medien-Handlungsanleitung" in diesem Buch.

Dank aber auch allen Kolleginnen und Kollegen im Forschungsprojekt „Climate Media Factory" für ihr engagiertes und hoch kompetentes Wirken für ein effektives Konzept der Klimakommunikation. Insbesondere gilt dieser Dank Dr. Horst Siegemund, Ephraim Broschkowski, Dr. Bernd Hezel für ihre fachliche Unterstützung.

Klaus-Dieter Müller

Vorwort

Jürgen Kropp

Die Wissenschafts- und Medienlandschaft verändert sich. Die Wissenschaft hat erkannt, wie wichtig Medien zur Vermarktung ihrer Forschungsergebnisse sind und Medien erkennen, wie spannend wissenschaftliche Themen sein können. In fast jedem TV Programm, in jedem Printmedium existieren heute populärwissenschaftliche Formate. Dennoch sind sich Medien und Wissenschaft auf eine eigentümliche Art und Weise fremd geblieben. Die Wissenschaft ist unzufrieden mit einer verkürzten und manchmal reißerischen medialen Darstellung ihrer Themen, während Medien versuchen Kontrapositionen oder Neuheitswerte überzeichnet herauszuarbeiten, um ihre Rezipienten anzusprechen. Beide Positionen sind vom Bezugspunkt der jeweiligen Branchen verständlich. Werden jedoch Themen von starkem gesellschaftlichem Interesse diskutiert, wie wir es z.B. aus dem Bereich der Gentechnik, Biotechnologie oder der Klimaforschung kennen, kann eine solche Isoliertheit zu Problemen führen, denn der Transfer von Wissen in die Öffentlichkeit hinein erfolgt dann ohne Rückkopplung mit den jeweiligen wissenschaftlichen Disziplinen. Insofern bestehen für das eigenartige Fremdeln der beiden Bereiche durchaus tieferliegende Gründe.

Zunächst nehmen Medien Trends in der Wissensproduktion nur selten wahr. Während für die Wissenschaftsdisziplinen das Wissensportfolio im Wesentlichen durch Fachartikel repräsentiert ist, welche die Genese und Ergebnisse von Forschung nachzeichnen, verarbeiten Medien meist nur einzelne Resultate. Da Medien sich kaum mit der Gesamtheit von Wissen auseinander setzen können, kommt es durchaus dazu, dass Positionen oder Themen dargestellt werden, die nicht dem Stand der Wissenschaften entsprechen. Dies hat sich in den vergangenen Jahren z.B. in der Berichterstattung zu den Ergebnissen der Klimaforschung immer wieder gezeigt.

Auf der anderen Seite besitzen Wissenschaftler mitunter nicht die Kompetenz, ihre Themen spannend, kurz und prägnant für Laien aufzubereiten. Dies führt fast zwangsläufig zu Konflikten, denn der Wissenschaftler möchte seine Themen adäquat repräsentiert sehen, der Redakteur aufgrund eines begrenzten Zeit- oder Platzvolumens eine kurze Story.

Ein weiterer Grund für eine Kluft zwischen Wissenschaft und Medien liegt darin begründet, dass Auseinandersetzungen über wissenschaftliche Fragen zunehmend auch in der Öffentlichkeit selbst geführt werden. Dieser Diskurs erfolgt beispielsweise über populärwissenschaftliche Veröffentlichungen, in denen Experten unterschiedlichen Ranges Politik und öffentliche Meinung zu gewinnen suchen. Für diesen Mechanismus ist charakteristisch, dass sich Skeptiker eines wissenschaftlichen „Mainstreams" oft nicht mehr auf wissenschaftliche Fakten beziehen, sondern einzelne Themenfelder zu Glaubensfragen hoch stilisieren. Und genau in solchen kontroversen Gemengelagen spielen Medien eine prominente Rolle, wenn Argumentationsketten unreflektiert übernommen werden, was sicher meistens nicht intendiert geschieht, aber dennoch der schnellen Umlaufgeschwindigkeit des medialen Tagesgeschäftes geschuldet ist.

Die Debatte über die Klimaerwärmung ist hierfür ein gutes Beispiel. So zeigen A. Leiserowitz und Kollegen von der Yale Universität für das Jahr 2010, dass in den USA nach wie vor 64 % der Bevölkerung glauben, dass Klimamodelle unrealistisch für Zukunftsprojektionen seien, oder das sie generell nicht wissen, ob sie Modellen überhaupt trauen können (23 %). Obwohl die Klimawissenschaft nicht müde wird, die Quellen von Unsicherheiten zu benennen und auch verdeutlicht, wo Annahmen gemacht werden müssen, wird diese differenzierte Betrachtungsweise nur wenig in die mediale Berichterstattung aufgenommen. Dadurch wird auch ein Skeptizismus gefördert.

So ist z.b. aus vielerlei Forschungsergebnissen hinlänglich bekannt, dass Opponenten der Klimaerwärmung das Mittel der Angstreduktion über das der Gefahrenreduktion stellen. Dies erfolgt durch die Behauptung, der Klimawandel fände nicht statt, z.b. dadurch unterstützt, dass man die Bedeutung von Unsicherheiten über ihr tatsächliches Maß hinaus betont, oder dass marginale Meinungsverschiedenheiten zu Generaldisputen gemacht werden. Solche Aussagen unterminieren die moralische Rechtfertigung für ein Handeln gegen die Klimaerwärmung, denn zeitgleich wird damit auch impliziert, dass ein Handeln für einen ambitionierten Klimaschutz gegebenenfalls für viele Unbeteiligte mit negativen Konsequenzen verbunden sein kann, wie z.b. der Verlust eines Arbeitsplatzes, oder eine Erhöhung von Steuern. Der daraus abgeleitete Schluss, es wird schon nicht so schlimm werden, kann nur erfolgreich sein, wenn man die wahren Gefahren vernebelt, also gezielt die Glaubwürdigkeit in z.b. Modelle erschüttert. Dies ist eine Strategie ganz im Sinne, dass nicht sein kann, was nicht sein darf.

Warum bündeln wir also nicht die gemeinsamen Kompetenzen von Medienschaffenden und Wissenschaft, um den gemeinsamen Bildungsauftrag, den beide Branchen unzweifelhaft haben, zu erfüllen? Diese Lücke versucht die Climate Media Factory Potsdam zu schließen, indem einfach Behauptungsmechanismen durchbrochen werden. Ziel dieser Unternehmung war zunächst die simple Einsicht, dass Synergien für beide Bereiche generiert werden können. Das daraus entstandene Projekt ist ein Versuchslabor, welches die Themenvielfalt in den Klimawissenschaften einerseits und die Stilmittel in der medialen Vielfalt gewinnbringend nutzbar machen will. Das vorliegende Buch von Klaus-Dieter Müller bereitet die wichtigsten Erfahrungen aus der Projektarbeit verständlich auf und stellt sie in einen breiteren Kontext. Der Diskurs während des Projektes hat deutlich gemacht, wo Grenzen existieren, aber auch wo Chancen für gemeinsame Aktivitäten bestehen. Im Mittelpunkt der Untersuchungen stand stets die Frage, wie die Kommunikation komplexerer Themen zielgruppen- und themengerecht erfolgen kann. Hier gibt es auch eindrucksvolle Resultate. Durch solche Konzepte, kann ein Heranführen an komplexe Sachverhalte, Bildung und Ausbildung schneller und effizienter machen. Erste Filmprojekte, teilweise preisgekrönt, zeigen zudem, dass die Climate Media Factory überlebensfähig ist, den Ton der Zeit trifft und in ihrem Gegenstandsbereich, d.h. durch die Integration von Medien- und Klimaexpertise, zu den „first movern" weltweit gehört. Dies ist eine Erfolgsgeschichte, die hoffentlich noch lange andauert. Eine kleine Genese ihrer Entstehung liefert dieses vorliegende Buch und zeigt so beispielhaft, welche Optionen Wissenschaftskommunikation in der digitalen Medienwelt hat. Dafür ein herzliches Dankeschön an Klaus-Dieter Müller.

Prof. Dr. Jürgen Kropp
PIK Potsdam-Institut für Klimafolgenforschung

Vorwort

Müssen wir noch schnell die Welt retten?
Gedanken zu Beziehungen zwischen
Klimaentwicklung und Klimakommunikation

Dieter Wiedemann

2011 gehörte der Song von Tim Bendzko „Nur noch kurz die Welt retten" mit der folgenden Textzeile „Muss nur noch kurz die Welt retten und gleich danach bin ich wieder bei Dir. Die Zeit läuft mir davon, zu warten wäre eine Schande für die ganze Weltbevölkerung. Ich muss jetzt los, sonst gibt's die große Katastrophe, merkst du nicht, dass wir in Not sind" zu den Hits des Jahres.

Dieser Songtext hat mich beim Lesen dieser Publikation immer wieder begleitet, denn es geht den Autoren ja durchaus um die Weltrettung und wie man dafür Menschen findet (Wissenschaftlerinnen und Medienleute), die das auch tun wollen.

Allerdings fühle ich mich als Medienwissenschaftler und Hochschulleiter sowieso nicht „im Elfenbeinturm gefangen", sondern schon eher der „Weltretterfraktion" zugehörig.

Die Frage, warum ich als bekennender „Weltretterfreund" vielleicht dennoch zu wenig aktiv bin, meine Alltagshandlungen nachhaltig zu gestalten und warum ich als Wissenschaftler und Medienmensch in doppelter Weise dafür mit verantwortlich bin, stellt diese Publikation auch.

Der Autor, Klaus-Dieter Müller, kennt sowohl die Schwierigkeiten der politischen wie auch der wissenschaftlichen Überzeugungskommunikation zum Thema „Klimawandel". Darauf baut dieses Buch primär auf: Politikerinnen verstehen nicht, was Wissenschaftlerinnen mit ihren Klimaprojektionen eigentlich wollen? Und die betroffene Bevölkerung präferiert weiterhin Preise in den Supermärkten, die weit unterhalb von Erzeugerpreisen liegen! Die vorliegende Publikation liefert aus meiner Sicht ein mögliches Szenarium für eine erfolgreiche Kommunikation in Richtung „Nachhaltigkeit in der globalen Klimaentwicklung". Wobei die präsentierten Angebote der „Climate Media Factory" ein mögliches Angebot für eine erfolgreiche Beeinflussungskampagne darstellen.

Der ein oder andere Leser und Leserin wird möglicher Weise auch andere Möglichkeiten für eine erfolgreiche „Kommunikation in Sachen Klimaentwicklung" entwickeln bzw. präferieren.

Sie sollten dabei aber den wissenschaftstheoretischen Ableitungen der Autoren dieses Buches durchaus folgen.

Klaus-Dieter Müller setzt in seiner wissenschaftlichen Begründung für notwendige Prioritäten in Sachen Klimakommunikation und insbesondere in Richtung individuelle Entscheidungen für eine erfolgreiche Klimakommunikation durchaus auf populärwissenschaftliche Erkenntnisse. Aufbauend auf einem Modell von Wissenskulturen werden ethische Fragen der Wissenschaften aufgeworfen und ein Diskurs zum Thema „Wissensgesellschaften" geführt.

Im Zentrum der Ausführungen von Klaus-Dieter Müller steht das Thema „Wissenschaftskommunikation". Mit griffigen Formeln, wie z.B. „*Die Klimawissenschaft ist Überlebenswissenschaft*", wird auf die Bedeutung von Wissenskulturen für und in der Öffentlichkeit aufmerksam gemacht.

Interessant sind die Überlegungen des Autors zum Spannungsfeld zwischen den differenzierten Vorstellungen von Wissenschaftlerinnen und Wissenschaftlern zum Nachrichtenwert von Erkenntnissen einerseits und den der journalistischen Medienakteure andererseits. Die mangelnde Kompatibilität zwischen den Realitätskonstruktionen der Wissenschaften und den Konstruktionen der Medien kann allerdings nur beschrieben und (noch?) nicht gelöst werden, was sicher nicht nur an den unterschiedlichen Rationalitäten von Wissenschaften und Medien liegt. Dieses Problem zieht sich auch durch die Darstellung des Diskurses um die so genannte Klimakatastrophe. Dem Autoren ist zuzustimmen, wenn er formuliert: „Der Klimawandel ist damit nicht nur eine Frage des objektiven wissenschaftlichen Nachweises, sondern auch eine Frage der *Wahrnehmung*. Dies ist einer der Aspekte einer sozialen Konstruktion"(S. 56). Mit der Berücksichtigung politischer und wirtschaftlicher Interessen am Klimahandeln wird das Analyseportfolio noch einmal erweitert.

In der auffallend engagierten Darstellungsweise werden immer wieder psychologische Erkenntnisse und ethische Fragen thematisiert.

Die abschließende Diskussion und insbesondere die 21 Thesen gehen zum Teil über das vorher Geschriebene hinaus, machen neugierig auf eine Fortsetzung des Diskurses.

Mit den im Teil II angeführten Beispielen zum Thema „Klimawandel kommunizieren: die richtigen Framings, Formate und Zielgruppen" sowie den Überlegungen zu neuen Berufsbildern und Studienangeboten, sowie zu innovativen Geschäftsmodellen wird die Publikation durch praktische Beispiele abgerundet.

Babelsberg, im Oktober 2012   Prof. Dr. Dieter Wiedemann

Präsident

HFF Hochschule für Film und Fernsehen

„Konrad Wolf" Potsdam-Babelsberg

Teil I

Gefangen im Elfenbeinturm.
Wissenschaft braucht Medien, aber welche?

Wissenschaftskommunikation 21.0 am Beispiel der Klimaforschung

Klaus-Dieter Müller

1 Worum es geht

Die Wissenschaft ist eines der Teilsysteme, in die sich unsere Gesellschaft ausdifferenziert hat, und die Grenzen sind nur schwer zu überschreiten. Der Wissenschaft wird vorgeworfen, sie genüge sich zu sehr selbst und vernachlässige ihre gesellschaftliche Verantwortung, Forschungsprozesse und Ergebnisse breit und verständlich zu kommunizieren. Im folgenden Beitrag möchte ich mich mit dieser Problematik beschäftigen, und zwar unter besonderer Berücksichtigung der Klimaforschung, die wie kaum ein anderes Forschungsgebiet durch die Brille der Politik und mit Blick auf die gesellschaftlichen Implikationen betrachtet wird. Es gibt Forschungsbereiche, in denen sich gesellschaftliche Konflikte stärker spiegeln als in anderen und die ideologisch stärker aufgeladen sind als andere. Die Genomforschung ist ein solches Beispiel; sie ist in jeder Hinsicht bedeutsamer als eine Studie zu Sprachdialekten im Mittelalter. Sie muss sich erklären und steht an der Schnittstelle zwischen moralischen Bewertungen und Nutzenerwägungen.

Ein anderes Beispiel ist die Klimaforschung. Hier geht es wesentlich auch um die Frage, ob wissenschaftliche Erkenntnisse ein politisches Handeln auslösen oder sogar zu Verhaltensänderungen der Bevölkerung führen können oder welches die dem entgegen gerichteten Faktoren sind. Man muss darüber nachdenken, ob Klimaforschung und Klimapolitik überhaupt getrennt gedacht werden können. Klimaforschung ist mehr als das Entwerfen von komplizierten physikalischen Verfahren, denn die Ergebnisse berühren politische, wirtschaftliche und gesellschaftliche Interessen. Man kann natürlich sagen: „Wir forschen so gut wir können, der Rest geht uns nichts an." Wissenschaft würde so aber schnell an gesellschaftlicher Akzeptanz und Legitimität verlieren. Darum vernetzen sich renommierte wissenschaftliche Einrichtungen wie das PIK Potsdam Institut für

Klimafolgenforschung schon seit langem in den Bereich der Politikberatung hinein und suchen nach interdisziplinären Kooperationen.

Wie weit aber reicht die Bereitschaft zur interdisziplinären Kooperation und Kommunikation mit Außenstehenden, welche Zielgruppen werden bedient bzw. können mit den vorhandenen Ressourcen bedient werden? Ein gemeinsames Forschungsprojekt zwischen dem weltweit renommierten Potsdam-Institut für Klimafolgenforschung und Deutschlands ältester und größter Film- und Medienhochschule, der HFF Hochschule für Film und Fernsehen in Potsdam-Babelsberg, die *Climate Media Factory (CMF)*, hat dies aufbereitet und identifiziert, wie und durch wen die Bedürfnisse der Medienlandschaft und des Publikums in Sachen Klimawandel und Klimafolgen bedient werden können. Die CMF erforscht neue Kommunikationsansätze, analysiert Möglichkeiten der Wissenskommunikation und entwickelt neue Medienformate mit internationalem Anspruch.

1.1   Das Modell der Wissenskulturen

Wissenschaft kann auf zweierlei Weise begriffen werden: Entweder als *Republic of Science*, d.h. als relativ abgeschlossene Welt mit eigenen (selbstreferenziellen) Kommunikationsstrukturen oder als *Science in Context*, d.h. als ein komplexes mit der Umwelt vernetztes Teilsystem. Dieses *Modell der Wissenskulturen* bringt eine gewisse Dialektik und auch ein Dilemma zum Ausdruck: Begreift sich Wissenschaft als reines Expertentum, so unterliegt es dem Elfenbeinturm-Vorwurf; geht sie in die Gesellschaft hinein, so droht sie die Autonomie ihrer Erkenntnisproduktion zu verlieren.

Das Modell der Wissenskulturen ist relativ gut anschlussfähig an viele Ergebnisse der Medien- und Kommunikationsforschung. Als spezifisch naturwissenschaftliches Thema mit komplizierten Methoden gehört Klimaforschung der Wissenskultur *Republic of Science* zugerechnet, ihrem gesellschaftlichen Anspruch nach jedoch der Wissenskultur *Science in Context*. Diese Diskrepanz führt zu Vermittlungsproblemen, die (auch) in einer Mediengesellschaft nur schwer aufgelöst werden können. Die Rationalität der Massenmedien mit ihren Kriterien *Nachrichtenwert* und *Unterhaltungsbedürfnis* müsste mit wissenschaftlichen Fragestellungen vereinbar gemacht werden. Hierin liegt eine große Herausforderung für die Entwicklung neuer Formate, aber auch für den Sinn und Nutzen unserer Mediengesellschaft insgesamt.

Die Wissenschaft ist auf unterschiedlichen Ebenen zu betrachten:
a) die gesellschaftlichen Bedingungen von Wissenschaft als Institution,
b) die Dimension ihres spezifischen Wissens,

c) die Interaktion der Wissenschaft mit anderen Bereichen der Gesellschaft,
d) die gesellschaftlichen Effekte von Wissenschaft.

Die Perspektiven auf den Gegenstand Wissenschaft sind also vielfältig und durchaus Änderungen unterworfen. Die Wissenschaft ist eine zentrale Institution in unserer Gesellschaft, aber diese Institution hat sich historisch entwickelt und unterliegt ständigen Anpassungsprozessen. Zu sprechen ist hier von der Wechselwirkung von Wissenschaft und Gesellschaft. Die Frage, was eigentlich noch Wissenschaft ausmacht und gegenüber der Gesellschaft legitimiert, kann weiter unten auch mit Blick auf die Klimaforschung bzw. die Klimafolgenforschung diskutiert werden. Ist dieses Forschungsfeld „wissenschaftlich anders" als andere Felder?

1.2 Natur- und Geisteswissenschaften und ihre Sicht auf die Welt

Von großer Bedeutung ist bereits die Unterscheidung zwischen Natur- und Geisteswissenschaften, die eine unterschiedliche Sicht auf die Welt haben. Noch heute ist die Einteilung des englischen Schriftstellers C. P. Snow prominent, der 1959 von *literary intellectuals* und *scientists* sprach.[1] Die ersteren sind eher (kultur) pessimistisch orientiert, die letzteren eher machbarkeitsorientiert. Ein Wissen um Werte und Zwecke trifft auf ein Wissen um kausale Zusammenhänge, das bereits unter dem Gesichtspunkt seiner technischen Nutzung gewonnen wird. Allerdings erarbeitet die theoretische Physik nicht schlicht Wissen, über das man technisch verfügen kann, noch schafft die Literaturwissenschaft einfach Orientierung für unser Handeln. Vielmehr stehen sich Natur- und Geisteswissenschaft in einem wechselseitig kritischen Verhältnis gegenüber.[2] Beide Teile sind Bereiche einer Gesamtkultur, aber sie vermitteln sich auf unterschiedliche Art und Weise in die Gesellschaft. Für eine mediale Aufbereitung dieser komplexen Beziehung ist dies besonders wichtig.

Die Arten der Erkenntnisproduktion und die Anerkennung von Wissen haben eine kulturelle Dimension. Wenn auch der Kulturbegriff vage ist, so ist doch nachvollziehbar, dass Zeitperioden, Nationen, Klassen, Geschlechter oder ethni-

---

1 Deutsch: C. P. Snow: Die zwei Kulturen. Literarische und naturwissenschaftliche Intelligenz. Stuttgart 1967 (Klett).

2 Helmut Holzley: Natur- und Geistswissenschaften – zwei Welten? In: Helmut Reinalter (Hrsg.): Natur- und Geisteswissenschaften – zwei Kulturen? Innsbruck 1999 (Studienverlag), S. 21 – 54, S. 43 ff.

sche Gruppen einen unterschiedlichen Blick auf die Ergebnisse von Forschung haben können. Dieses Argument ist nicht zu verwechseln mit der These, dass religiöse Glaubenshaltungen, Aberglaube, lokale Mythen, nationale Identitäten oder Alltagswissen wie eine wissenschaftliche Disziplin wirken können. Ein solches Denken würde wissenschaftliches Wissen völlig entwerten. Es geht also immer um die Behauptung und Verteidigung einer Differenz zwischen wissenschaftlichem Wissen und anderen Wissensformen. Diese Differenz ist außerordentlich wichtig für die Legitimierung des Einflusses wissenschaftlichen Wissens im politischen Prozess. Nur diese Sonderstellung rechtfertigt seinen Einfluss.

In diesem Sinne möchte ich im Folgenden einen Spannungsbogen aufbauen zwischen den Fragen „Was ist Wissenschaft?" und „Wie wird Wissenschaft in die Gesellschaft vermittelt?". Ich werde zunächst einige Denkansätze der Wissenschaftssoziologie vorstellen, die im Wesentlichen darauf hinauslaufen, die Entwicklung der Wissenschaft als *Transformation* zur Nutzenorientierung und Überschreitung zur Gesellschaft hin zu beschreiben. Wir erleben gegenwärtig die Auflösung der Wissenschaft als Institution in ihrer seit dem Ende des 18. Jahrhunderts überkommenen Gestalt, denn neben der Verwissenschaftlichung der Gesellschaft vollzieht sich die Vergesellschaftung der Wissenschaft.[3] Im zweiten Teil meiner Ausführungen (Abschnitte 5 – 7) werde ich das Letztgenannte auf die Klimaforschung beziehen: Die Hypothese lautet in diesem Kontext, dass die Überschreitung zur Gesellschaft hin hier ganz besonders stark ausgeprägt ist. Für die Medien bedeutet dies, dass es nicht alleine darum gehen kann, Erkenntnisse zu *erklären, sondern einen gesellschaftlichen Entwicklungsprozess mit ihren Mitteln zu begleiten.* In einem Diskussionsteil werde ich versuchen, zusammenfassende Bewertungen vorzunehmen.

2   Die Wissenschaft und ihre Freiheit

In der demokratischen, pluralistischen Gesellschaft ist die Freiheit der Wissenschaft eine wichtige Grundkonstante. Nur wenn diese Freiheit garantiert ist, kann sich der Forschergeist frei entfalten und Wissen generieren, das dem Menschen und der Gesellschaft dienlich ist. In welcher Weise das von ihr generierte Wissen dem Menschen und der Gesellschaft zum Nutzen gereicht, bleibt in einer pluralistischen Gesellschaft jedoch weitgehend offen. Durch die Freiheit der Wissenschaft

---

3   Mario Kaiser und Sabine Maasen: Wissenschaftssoziologie. In: Georg Kneer / Markus Schroer (Hrsg.): Handbuch Spezielle Soziologien. Wiesbaden 2010 (Verlag für Sozialwissenschaften), S. 685 – 705, S. 685.

ist diese von direkten gesellschaftlichen Funktionszuweisungen entbunden. Lange Zeit war dieses Verständnis von Wissenschaft mit dem Humboldt'schen Bildungsideal verbunden, das ein spezifisch deutsches Phänomen war und gerade endgültig dem Markt und der europäischen Einigung geopfert wird.

Alexander von Humboldt war Naturforscher, dessen ganzheitlicher Ansatz sich in dem, was wir heute *Wissensordnung* nennen, keinesfalls durchgesetzt hat.[4] Sein Bruder *Wilhelm* kann als der eigentliche Reformdenker der Universität betrachtet werden. In einer Arbeit aus dem Jahre 1808 formulierte er seine Vorstellungen zum akademischen Bildungswesen, die als Idealbild immer noch in vielen Köpfen ist. Zugrunde lag die Idee des negativen Staates, die bei W. Humboldt ungleich stärker entwickelt war als sonst in liberalen Theorien üblich.[5] Dieser Liberalismus der Entfaltung des *Menschen* hat mit dem Neoliberalismus von heute nichts zu tun. Die Studienreformen der Gegenwart zielen auf die Marktkonformität des Einzelnen und schließen endgültig mit dem Humboldt'schen Bildungsideal ab.

---

4   Otto Krätz kommt zu einem durchaus pessimistischen Urteil:
     „Mit Recht preist man ihn als denjenigen, der als letzter ein wirklich allumfassendes Bild der Welt gezeichnet hat. Aber er war der Letzte! Niemand folgte nach! Spätere Generationen hochspezialisierter Naturwissenschaftler blicken mit gerührter Wehmut auf Humboldts mit generalistischem Geiste geschaffenen ‚Kosmos', in dessen Nachfolge vorzugsweise Erbauliches für höhere Schüler entstand, wie Friedrich Schoedels verdienstvolles ‚Buch der Natur'. Seine liebevollen Landschaftsbeschreibungen haben die noch anhaltende Vernichtung riesiger Areale des Regenwaldes nicht verhindern können. Dass sich die Regierungen Südamerikas Humboldts intensives Eingehen auf Psyche, Kultur, Sprache und Lebensrecht der Ureinwohner zu eigen gemacht hätten, kann man angesichts ganzer im Amazonas-Becken ausgerotteter Indianerstämme und der die Fernsehnachrichten ‚belebenden' Probleme der Indio-Politik ernsthaft wohl auch nicht behaupten. Bezeichnend ist überdies, dass Humboldts Name in der Geschichte der deutschen Kolonien keine Rolle spielte. Das Andenken an sein zwischen Frankreich und Deutschland vermittelndes Wirken konnte den Krieg 1870 nicht verhindern. Wie auch? Seine Frankophilie ging letztlich im Siegestaumel unzähliger Sedan-Feiern unter. Zu allen Zeiten war Humboldts prosemitische Einstellung vielen Deutschen suspekt. Selbst seine elementarste Zielsetzung – der Wunsch nach einer allumfassenden Bildung junger Studierender an deutschen Hochschulen – ging nicht in Erfüllung. Zwar wird halbherzig ein ‚studium generale' angeboten, in Wahrheit erwartet man hingegen von den Studenten, sich in möglichst kurzer Zeit für ein möglichst spezialisiertes Studienziel zu qualifizieren." (Otto Krätz: Alexander von Humboldt. Wissenschaftler – Weltbürger – Revolutionär. München (Callweg) 2000, S. 187.)

5   Rainer Ostermann: Die Freiheit des Individuums. Eine Rekonstruktion der Gesellschaftstheorie Wilhelm von Humboldts, Frankfurt a. M. / New York (Campus) 1993, S. 204.

Gefordert wird aber auch eine Konformität der Resultate aufgrund der Anwendungsorientierung, welche in der Regel in Ausschreibungen zentral ist.

2.1   Ein Blick zurück

Die Situation der Universitäten im *nationalsozialistischen Deutschland* war gekennzeichnet durch die sog. „Gleichschaltung", deren formaljuristische Grundlage das „Gesetz zur Wiederherstellung des Berufsbeamtentums" vom 7. April 1933 war und zu einer „Vertreibung des Geistes" führte.[6] Die personelle „Säuberung" und die Durchsetzung des „Führerprinzips" im totalitären Staat sind auch durch Quellen gut belegt.[7] Es gibt Wissenschaftler, die aber im Bereich der Naturwissenschaften Beispiele für die Funktionstüchtigkeit und Effektivität der Wissenschaftsorganisation und Forschungsplanung durchaus konstatieren.[8]

Vergleicht man nun das Universitätssystem Deutschlands 1933 – 1945 mit dem der *DDR*, so begibt man sich natürlich auch hier in die Totalitarismusforschung. Sicher waren Nazi-Deutschland und die DDR beides Diktaturen; festzuhalten sind aber die unterschiedlichen ideologischen Grundlagen und die Tatsache, dass es in der DDR keinen Holocaust gab. Über die Wissenschaftslandschaft der DDR liegt eine eigene Bibliographie vor.[9] Während die Sozialwissenschaften mit Blick auf die Nähe zur SED betrachtet werden, litt die technologische Forschung an Bürokratie und Sicherheitswahn. Der Deutsche Historikertag hat 1994 in Leipzig die zentralistisch gesteuerte Wissenschaft, die Hochschulreformen und den Einfluss der Partei diskutiert.[10]

---

6   K. Ludwig Pfeiffer: Vertreibung des Geistes – Deutsche Fallstudien zur Selbstdemontage Alteuropas. In: Rainer Geißler / Wolfgang Popp (Hrsg.): Wissenschaft und Nationalsozialismus. Eine Ringvorlesung an der Universität-Gesamthochschule-Siegen. Essen 1988 (Verlag Die blaue Eule), S. 79 – 101. Hier auch weitere Beispiele aus verschiedenen Disziplinen.

7   Wege der Wissenschaft im Nationalsozialismus. Dokumente zur Universität Jena, 1933 – 1945. Quellen und Beiträge zur Geschichte der Universität Jena. Herausgegeben von Jürgen John und Helmut G. Walter, Band 7. Stuttgart 2007 (Franz Steiner Verlag).

8   Riccardo Bavaj: Die Ambivalenz der Moderne im Nationalsozialismus. Eine Bilanz der Forschung. München 2003 (R. Oldenbourg Verlag), S. 136 – 143.

9   Peer Pasternack: Hochschule & Wissenschaft in der SBZ / DDR / Ostdeutschland 1945 – 1995. Annotierte Bibliographie für den Erscheinungszeitraum 1990 – 1998. Weinheim 1999 (Deutscher Studienverlag).

10   Deutscher Historikertag 1994: Bericht über die 40. Versammlung Deutscher Historiker in Leipzig, 28. Bis 1. Oktober 1994. Leipzig 1995 (Leipziger Universitätsverlag).

DDR-kritische Forscher zweifelten vor allem die Theoriefähigkeit in den Geisteswissenschaften an. Die Ausrichtung der Geschichtswissenschaft auf die Bedürfnisse der SED ist unbestritten.[11] Auf dem Gebiet der Naturwissenschaften belegen Einzelstudien die letztinstanzliche Steuerungsdominanz der Politik, zeigen aber auch Grenzen der politischen Durchdringung auf. Hier, wie auch in der Mathematik, gab es Raum zur relativ autonomen Selbststeuerung der Wissenschaftler.[12] Vor allem in den Anfangsjahren der DDR vollzog sich der Prozess des Wandels von einer bürgerlichen Bildungspolitik zu einem Teil der *sozialistischen Intelligenz* langwierig und widersprüchlich. Historische Kontinuität, notgedrungener Pragmatismus und unerwartete Nebenfolgen der diktatorischen Allmachtsansprüche stellten sich in den Weg.[13] Wissenschaftler und Intellektuelle standen im Spannungsfeld zwischen Forschungsinteresse und Allmachtsanspruch der SED. Der Begriff der „sozialistischen Intelligenzpolitik" war die systemspezifische Chiffre zur gesamtgesellschaftlichen Einbindung von Wissensproduktion wie Kunst, Kultur und Wissenschaft. Das „Anforderungsprofil der Führungskader von fachlicher Kompetenz und Spezialistentum auf der einen Seite und politischer Loyalität, verbunden mit dem absoluten Primat des Politischen auf der anderen Seite" war zwiespältig.[14]

Eine gewisse ideologische Sprengkraft wohnte der *Kybernetik* inne, die zunächst euphorisch als neue Produktivkraft gefeiert wurde, bis der Verdacht aufkam, an ihr könne die marxistisch-leninistische Ideologie möglicherweise ihre Grenzen finden (1965 – 1971).[15] Der Effekt der Kybernetik für Wissenschaft und Gesellschaft in der DDR kann hier nicht weiter verfolgt werden; interessant ist aber wohl, dass die heutige systemtheoretische Betrachtungsweise der Gesellschaft unter den Bedingungen von Herrschaftsdenken und ideologischer Sinngebung nicht möglich wäre.

---

11 Ergiebiger noch als Pasternack ist die Einleitung in: Geplante Wissenschaft. Eine Quellenedition zur DDR-Wissenschaftsgeschichte 1945 – 1961. Eingeleitet, kommentiert und herausgegeben von Andreas Malycha. (Beiträge zur DDR-Wissenschaftsgeschichte Reihe A / Band 1, o.O. 2003 (Akademische Verlagsanstalt), S. 7 – 86, hier S. 9.

12 Geplante Wissenschaft 2003, a.a.O., S. 10.

13 Geplante Wissenschaft 2003, a.a.O., S. 13 f.

14 Geplante Wissenschaft 2003, a.a.O., S. 15.

15 Frank Dittmann: Kybernetik in der DDR – eine Einstimmung. In: Frank Dittmann / Rudolf Seising (Hrsg.): Kybernetik steckt den Osten an. Aufstieg und Schwierigkeiten einer interdisziplinären Wissenschaft in der DDR. Berlin 2007 (trafo Verlag), S. 13 – 42, S. 13 – 19.

Moderne Verfassungsstaaten haben eine institutionelle Separierung eines sich selbst verantwortlichen Bereichs „autonomer Wissensproduktion" eingeführt.[16] Dies wird in der *Bundesrepublik Deutschland* verfassungsrechtlich ausgedrückt im Art. 5, Absatz 3 GG, der die Freiheit von Wissenschaft und Kunst, Forschung und Lehre gewährleistet. Das bedeutet aber natürlich nicht, dass die Hochschulen und Forschungsinstitute tun und lassen können, was sie wollen. Eine Reihe anderer Grundrechte kann für die Hochschulen relevant sein, und 1976 hat der Bund mit dem Hochschulrahmengesetz stark in die Normierung eingegriffen.[17] Die Wissenschaftsfreiheit kann sich primär als Problem in staatsorganisierten und staatsfinanzierten Hochschulen stellen, als Individualrecht, mich in der Freizeit in eine Bibliothek zu setzen, ist es zunächst nicht relevant. Das Grundrecht der Wissensfreiheit ist ein Abwehrrecht gegen staatliche Eingriffe und steht jedermann zu, der wissenschaftlich tätig ist.

„Seine Freiheitsgarantie erstreckt sich (...) auf jede wissenschaftliche Tätigkeit, d.h. auf alles, was nach Inhalt und Form als ernsthafter Versuch zur Ermittlung und Verteilung der aufgrund wissenschaftlicher Methoden gewonnenen Wahrheit anzusehen ist."[18]

Eine bestimmte Organisationsform des Wissenschaftsbetriebs ist damit aber nicht verbunden.[19]

2.2   Selbst- und Fremdbestimmung von Wissenschaft

Die Frage der *Freiheit* steht heute nicht wirklich mehr im Zentrum des wissenschaftssoziologischen Diskurses. Das Nachdenken über die Freiheit der Wissenschaft ist in Deutschland verbunden mit dem deutschen Idealismus, einem gewissen Ethos, der seinem Charakter nach auch nur eine Fiktion war und ist, und der Erfahrung mit den beiden deutschen Diktaturen. Das ist zunächst ein normativer

---

16   Stefan Böschen: Wissenschaft und Gesellschaft. In: Rainer Schützeichel (Hrsg.): Handbuch Wissenssoziologie und Wissensforschung. Konstanz 2007 (UVK Verlagsgesellschaft), S. 751 – 763, S. 751.

17   Werner Thieme: Deutsches Hochschulrecht. Das Recht der Universitäten sowie der künstlerischen und Fachhochschulen in der Bundesrepublik Deutschland. München, Köln Berlin 2004 (Carl Heymann Verlag), S. 55 f.

18   Thieme 2004, a.a.O., S. 74.

19   „Dem Gesetzgeber steht es zu, die Organisation der Hochschulen nach seinem Ermessen zu ordnen und sie den heutigen gesellschaftlichen und wissenssoziologischen Gegebenheiten anzupassen, soweit nicht der Kernbereich der Wissenschaftsfreiheit des einzelnen Hochschulmitglieds verletzt wird." (Thieme 2004, a.a.O., S. 75.)

Denkansatz, als ob es einen Bereich reiner Wissenschaft gäbe, etwa Wissenschaft in der Form ihres organisatorischen Trägers Universität, der von der Gesellschaft irgendwie getrennt und ihr überlegen wäre.

Es gibt aber keinen Grund, angewandte Forschung (von einem Unternehmen oder auch von der öffentlichen Hand bezahlt) als etwas Schlechteres oder Minderwertiges als akademische Grundlagen-Forschung zu betrachten. Wenn ein Projekt Geld gekostet hat, werden die Ergebnisse auf jeden Fall von einer größeren Gruppe Interessierter wahrgenommen. Das kann man von einem „universitären" Buch nicht immer behaupten. Von Diplom-, Bachelor oder Magisterarbeiten wollen wir ganz schweigen. Weil die angewandte Forschung in ein soziales Umfeld eingebettet ist, ergeben sich aus ihr häufig Entscheidungen, was wiederum die Voraussetzung einer Wertschöpfung ist. Das Verhältnis von Wissenschaft und Wirtschaft beschreibt Weingart darum dahingehend, dass die Universität sich immer rascher von ihrer traditionellen Rolle, Hort des Wissens als einer moralischen und kulturellen Kraft zu sein, entfernt und das Selbstverständnis und die zukünftige gesellschaftliche Einbettung derjenigen Forschung, die sich bisher als „rein", „grundlagenorientiert" und „zweckfrei" verstanden hat, ins Wanken gerät.[20]

Das von *Francis Bacon* im 17. Jahrhundert entwickelte Kaskadenmodell, nach welchem der Erkenntnisgewinn durch die freie Grundlagenforschung die Voraussetzung für eine erfolgreiche Technologieentwicklung ist, trifft seit langem nicht mehr die Realität. Unter anderem geht mit der Zunahme der praktischen Relevanz der Wissenschaft eine wachsende gesellschaftliche Einflussnahme einher und wird die vormalige Selbststeuerung der Wissenschaft durch vermehrte Fremdsteuerung zunehmend ersetzen. „Die praktische relevante oder angewandte Wissenschaft wird zum dominanten Forschungsmodus."[21]

Die institutionelle Grenzziehung eines selbst verantwortlichen Bereichs von Wissensproduktion erodiert seit langem zum Beispiel durch die Vermischung von Grundlagenforschung und Anwendungsforschung in heterogenen Kooperationen. Wissen, Macht und sozialer Wandel verquicken sich, und die Folgen für das Verhältnis von Wissenschaft und Gesellschaft betreffen das kulturelle Selbstverständnis von Wissenschaft und ihrer „sozialen Rolle". Die Wissenschaft gewinnt als Folge ihrer wachsenden Problemlösungskompetenz und Erklärungskraft eine

---

20 Peter Weingart: Die Stunde der Wahrheit? Zum Verhältnis der Wissenschaft zu Politik, Wirtschaft und Medien in der Wissensgesellschaft. Weilerswist 2005 (Velbrück Wissenschaft) (1/2001), S. 172.

21 Peter Weingart / Martin Carrier / Wolfgang Krahn: Nachrichten aus der Wissensgesellschaft. Analysen zur Veränderung der Wissenschaft. Weilerswist 2007(Velbrück Wissenschaft), S. 33.

stärkere Praxisrelevanz als jemals in der Vergangenheit. Auch darum fliessen ihr Forschungsmittel aus der Privatwirtschaft zu; neben die Auftragsforschung tritt die Programmsteuerung weiterer Teile der öffentlichen Forschungsförderung.

Es ist inzwischen weithin akzeptiert, dass die Wissenschaft einen „sozioökonomischen Beitrag" leisten soll und sie in einen Kontext eingebunden ist, der von verschiedenen Theoretikern sogar als Durchdringung von Gesellschaft und Wissenschaft beschrieben wird. Herausragend sind hier Michael Gibbons 1994 und daran anschließend Nowotny, Scott und Gibbons 2009.[22] Für diese Autoren hat die Wissenschaft ihre Autonomie ebenso verloren wie ihren inhärenten Universalismus und ihre unbestreitbare Objektivität. Sie besteht nunmehr „aus einer ganzen Reihe komplexer Praktiken, die über vielfache Bindungen und Verstrickungen in die Gesellschaft integriert sind."[23] Die Universität wird beschrieben als eine Institution mit verschiedenen Funktionen im Rahmen dieser sog. *Kontextualisierung*. Die heutige Gesellschaft sei gekennzeichnet durch Vielgestaltigkeit, Instabilität und Überschreitungstendenzen. Die Gesellschaft unterliege dem Drang, ständig etwas Neues hervorzubringen – die Akkumulation von Ungewissheiten, die soziales Verhalten ebenso beeinflussen wie individuelle Lebensstile und Identitäten, nimmt kein Ende. Der Begriff der *Transformation* findet sich mittlerweile in vielen Bereichen der Gesellschaft wieder und ist eine Reaktion auf unsichere System-Umwelt-Beziehungen. So wird die Bundeswehr transformiert und ebenso die Helmholtz-Gesellschaft. Gibbons u.a. sprechen von einer *Modus 2-Gesellschaft*, um die Auflösung der Grenzen zwischen Wissenschaft und Gesellschaft zu beschreiben:

„In der Moderne hat die Wissenschaft immer zur Gesellschaft gesprochen. Die Durchdringung der Gesellschaft mit Wissenschaft ist sogar fast ein Deutungskriterium der Moderne. Doch inzwischen antwortet die Gesellschaft der Wissenschaft."[24] Und weiter: „Die Modus 2-Gesellschaft bringt jene Bedingungen hervor, durch die es der Gesellschaft möglich wird, der Wissenschaft zu antworten; und diese Umkehrung der Kommunikationsrichtung gestaltet gegenwärtig die Wissenschaft um."[25]

---

22   Michael Gibbons: The Production of Knowledge 1994 sowie im Anschluss hieran Helga Nowotny / Peter Scott / Michael Gibbons: Wissenschaft neu denken. Wissen und Öffentlichkeit in einem Zeitalter der Ungewissheit. Weilerswist 2009 (Velbrück Wissenschaft).

23   Nowotny / Scott / Gibbons 2009, a.a.O., S. 285.

24   Nowotny / Scott / Gibbons 2009, a.a.O., S. 69.

25   Nowotny / Scott / Gibbons 2009, a.a.O., S. 74.

Diese Entwicklung findet auch ihren Ausdruck in den komplexen und anspruchsvollen Vorgaben zum Beispiel der Deutschen Forschungsgemeinschaft (DFG). Das bekannteste Beispiel sind natürlich die immer ehrgeizigeren Forschungsrahmenprogramme der EU. [26] Wenn also die Unterschiede zwischen universitärer (staatlicher) und z.b. industrieller (profitorientierter) Forschung verschwimmen, das Entstehen von Wissen sich in komplexen Netzwerken vollzieht, dann ist die Unterscheidung von angewandter und akademischer Forschung sinnlos.

2.3   Wissenschaft und Ethos

Angesichts dieser Entwicklungen ist ein anderer Aspekt der Wissenschaft schon lange in den Hintergrund getreten, nämlich das sog. *Ethos*. Das wissenschaftliche Ethos baut auf den Altvorderen des universitären Denkens auf, das zwar nirgends kodifiziert ist, aber „aus dem moralischen Konsens der Wissenschaftler erschlossen werden kann, der sich in unzähligen Schriften über den Geist der Wissenschaft und in der moralischen Entrüstung über die Verstöße gegen die Normen niederschlägt." Dementsprechend definiert Weingart:

„Wissenschaftliches *Ethos* meint jene Verhaltensmuster und impliziten Normen, deren historischer Ursprung auf die Gründungsgeschichte der Akademien zurückgeht und für die sich ungeachtet aller Veränderungen im Detail eine beachtenswerte Kontinuität über einen Zeitraum von mehr als drei Jahrhunderten feststellen lässt."[27]

Es ist nun fraglich, ob das Ethos noch eine steuernde Orientierung der Wissenschaft ist. Für die Gegenwart könnte das Verfahren des *peer review* als Ersatz

---

26 Nowotny, Scott und Gibbons schreiben (mit einem Unterton von Frustration): „So erwartet beispielsweise das Fünfte Rahmenprogramm der Europäischen Union bei den von ihm geförderten Forschungsarbeiten einen konkreten sozioökonomischen Nutzen in der kürzest möglichen Zeit. Diese Forschung definiert das Programm explizit als ‚problemorientiert'. Wie das Fünfte Rahmenprogramm zeigt, reicht es auch nicht mehr aus, ein Kooperationsprojekt im Bereich der angewandten Forschung zu konzipieren. Inzwischen geht die Absicht dahin, ein Zielproblem zu identifizieren, beispielsweise feuchte Oberflächen dazu zu bringen, dass sie zusammenkleben, sich des Rats der Endverbraucher (wie – in diesem Fall – der Ärzte und Zahnärzte) zu versichern, und erst dann die Disziplinen – wie Chemie, Molekularbiologie usw. – zusammenzubringen, die notwendig sind, um eine wissenschaftliche Lösung für dieses Problem zu finden. Zudem müssen Fragen der Produktion von Anfang an mit berücksichtigt werden." (S. 73)

27 Weingart 2005, a.a.O), S. 68.

von Ethos begriffen werden, wobei allerdings nicht von Moral zu sprechen ist. Die Deutsche Forschungsgemeinschaft hat 1998 eine Denkschrift zum Thema „Sicherung guter wissenschaftlicher Praxis" herausgegeben. Der Hintergrund war ein Fall „wissenschaftlichen Fehlverhaltens". Zu „Normen der Wissenschaft" wird erklärt:

„Forschung als Tätigkeit ist Suche nach neuen Erkenntnissen. Diese entstehen aus einer stets durch Irrtum und Selbsttäuschung gefährdeten Verbindung von Systematik und Eingebung. Ehrlichkeit gegenüber sich selbst und gegenüber anderen ist eine Grundbedingung dafür, dass neue Erkenntnisse - als vorläufig gesicherte Ausgangsbasis für weitere Fragen – überhaupt zustande kommen können. (...) Forschung im idealisierten Sinne ist Suche nach Wahrheit. Wahrheit ist unlauteren Methoden kategorial entgegengesetzt."[28]

Andere Forschungsinstitute haben sich *Leitbilder* gegeben, die in gewisser Hinsicht als verschriftlichtes Ethos begriffen werden können. So ist das kurze Leitbild der Helmholtz-Gesellschaft ein Beispiel für die Transformation einer Organisation. Auf der Internet-Site der Gesellschaft werden die strategischen Ziele formuliert:

Substanzielle Beiträge zu grundlegenden wissenschaftlichen Fragestellungen liefern und mit den besten Köpfen international anerkannte Spitzenpositionen in allen Forschungsbereichen einzunehmen.

• Komplexe Fragestellungen aus Wissenschaft, Gesellschaft und Wirtschaft mit ganzheitlichen Ansätzen bearbeiten und Systemlösungen bereitstellen.
• Lösungswege von den Grundlagen bis zur Anwendung aufzeigen und umsetzen.
• Methoden, Technologien und Dienstleistungen entwickeln sowie Politik und Wirtschaft beraten.
• Zur Leistungsfähigkeit und Attraktivität des gesamten Wissenschaftssystems in Deutschland maßgeblich beitragen.

Man erkennt den ganzheitlichen, auf die Gesellschaft gerichteten Ansatz. Es handelt sich um einen interdisziplinären Anspruch, der aber nicht bedeutet, dass es keine *Disziplinen* mehr gäbe. Disziplinen entstehen aus neuen Methoden und Gegenständen und stabilisieren sich durch Institutionalisierung. Betrachtet man die Wissenschaft als Kommunikationssystem, so dienen Disziplinen als Einheit der Primärdifferenzierung.

---

28 Deutsche Forschungsgemeinschaft: Vorschläge zur Sicherung guter wissenschaftlicher Praxis. Empfehlungen der Kommission „Selbstkontrolle in der Wissenschaft". Denkschrift. Weinheim 1998 (Wiley-VCH).

Die großen, früh etablierten Disziplinen waren durch ihre relativ einheitliche Repräsentation in Fakultäten oder Fachbereichen gekennzeichnet, mit vergleichbaren Curricula, gemeinsamen grundlegenden Problemstellungen und jeweils gegenseitig anerkannten Zertifikaten. Damit waren die Bedingungen für einen internen akademischen Arbeitsmarkt und eigene Karrieremuster als Grundlage für eine disziplinäre Identität gegeben.[29]

2.4   Reputation und Selbstreferenz

Disziplinen sind auch *Reputationssysteme*, d.h. sie selbst oder einer der ihnen angehörigen Forscher erwirbt sich einen guten Ruf bei der Bewältigung von Aufgaben und erhält dafür Ressourcen in Form von Geld und/oder Aufmerksamkeit. Dies gilt sowohl innerdisziplinär (die Wertschätzung der Kollegen) als auch gegenüber externen Partnern (Fördermittelgeber, Journalisten usw.). Häufig werden Disziplinen als *Kommunikationsgemeinschaften* begriffen, die sich durch ihre wissenschaftlichen Diskurse „abschließen".

Die Rede von der Selbstreferenz hat dann in der Regel einen negativen Beiklang; positiv gewendet bedeutet die Existenz einer selbstreferenziellen Kommunikationsgemeinschaft den Vorteil einer doppelten Identität: eine soziale Identität über die Mitgliedschaft und deren Regeln (Lehre, Prüfungen, Zertifikate) und eine sachliche über die Inhalte, auf die sich die Kommunikation bezieht.[30] Die Selbstreferenz, in der Regel verbunden mit einer eigenen Sprache, steigert innerdisziplinär die Leistungsfähigkeit; der große Nachteil ist der fehlende Anschluss an die Außenwelt. Der Forscher wird eben (noch) nicht gemessen auch an seinen Anstrengungen und Erfolgen in der externen Kommunikation.

Als Charakteristikum für die Herausbildung einer Disziplin kann auch die Existenz eines *etablierten Marktes für Studenten* genannt werden. Wo er existiert, stabilisiert er die Disziplin, der Erwerb von Fähigkeiten und Zertifikaten wird wichtig. Die Disziplinen sind in Fakultäten organisiert, und in diesen findet die Ausbildung der Studenten statt. Die Fakultäten sind die maßgeblichen Einheiten der Lehre und verantwortlich für Studiengänge und Studienabschlüsse. Auf diese Weise reflektieren sie die Anforderungen des Arbeitsmarktes, für die das Wissen qualifizieren soll. Für ihre Inhaber bedeutet ein akademischer Abschluss den Schutz vor unbefugter Konkurrenz und einen Vorteil am Arbeitsmarkt, sofern die Zertifikate als solche anerkannt sind. Für einige Wissensbereiche, die zum

---

29 Weingart / Carrier / Krahn 2007, a.a.O., S. 43.
30 Weingart / Carrier / Krahn 2007, a.a.O., S. 46.

Beispiel für staatliche Funktionen zentral sind, resultiert aus dieser Zertifizierung sogar eine Art Monopol (Richter, Lehrer).

Allerdings trifft nun eine fortschreitende Spezialisierung auf das Beharrungsvermögen universitärer Strukturen; es entstehen Unterdisziplinen, die mit fachfremden Disziplinen mehr Kommunikation haben können als mit ihrem ursprünglichen Herkunftsbereich. Über den Begriff der funktionalen Differenzierung nach Disziplinen findet man auch den Weg zu Niklas Luhmann, der ihnen in seinem Werk „Die Wissenschaft der Gesellschaft" ein eigenes Kapitel gewidmet hat. Auch er stellt auf ihre Funktion der Ausbildung und der Vorbereitung auf den Arbeitsmarkt ab, einer Primärdifferenzierung des Wissenschaftssystems also, das gesellschaftlichen Anforderungen unterliegt und nicht spezifisch wissenschaftlich legitimiert ist.[31] Erst auf der Ebene der weiteren Differenzierung nach Forschungsgebieten wird dieses Erfordernis verlassen und gewinnt das System Unabhängigkeit von Strukturvorgaben. Allerdings verbleibt auch nach Luhmann eine flexible, eigendynamische Forschung im Schutz von Disziplinen, „die garantieren, dass das, was hier geschieht, gesellschaftlich als Wissenschaft anerkannt wird."[32]

3   Wissensgesellschaft?

Mit dem Aufkommen des Internets und dem zunehmenden Verlust industrieller Arbeitsplätze vor allem für Geringqualifizierte gewannen Etikettierungen unserer Gesellschaft als Informations- oder auch Wissensgesellschaft an Bedeutung. Im Begriff der Wissensgesellschaft werden die zentralen Problem- und Lösungsdimensionen des globalen Wandels gleichsam verdichtet. Man kann Wissen als einen *Komplexbegriff* bezeichnen, bei dessen Verwendung sich die Diskutanten über die jeweilige Bedeutung einigen müssen.[33] Der Thematisierung von Wissen widmet sich inzwischen eine unübersehbare Vielfalt von Spezialdisziplinen.[34] Auch wer nicht Anhänger der Klassenanalyse ist, dem wird durch die Gegenüber-

---

31   Niklas Luhmann: Die Wissenschaft der Gesellschaft. Darmstadt: Wissenschaftliche Buchgemeinschaft 2002, S. 449. (1. Aufl. 1990)

32   Luhmann 2002, a.a.O., S. 450.

33   Niels Gottschalk-Mazowz: Was ist Wissen? Überlegungen zu einem Komplexbegriff an der Schnittstelle von Philosophie und Sozialwissenschaft. In: Sabine Ammon / Corinna Heineke / Kirsten Selbmann (Hrsg.): Wissen in Bewegung. Vielfalt und Hegemonie in der Wissensgesellschaft. Weilerswist 2007 (Velbrück Wissenschaft), S. 21 – 40, S. 25 f.

34   Eine neuere Übersicht bei Lothar Hack: Wissensformen zum Anfassen und zum Abgreifen. Konstruktive Formationen der „Wissensgesellschaft" respektive des „trans-

stellung von *Klasse* und *Wissen* deutlich, welchen Paradigmenwechsel der Gesellschaftsanalyse wir derzeit erleben. Während die Klasse gedanklich einigermaßen nachvollziehbar war (das machte ja ihren Erfolg aus), ist Wissen dies durchaus nicht. Der Begriff ist faszinierend, aber insgesamt doch eine sehr schwankende Grundlage für jegliche Politik.

Das grundlegende Werk von Helmut F. Spinner aus dem Jahr 1994, *Die Wissensordnung*, war angedacht als Beginn einer neuen Reihe *Studien zur Wissensordnung*, welche davon ausging, dass die Wissensordnung neben der Rechts- und Wirtschaftsordnung die dritte Grundordnung hoch industrialisierter Gesellschaften verkörpere. Der Begriff hat sich im Diskurs gehalten, ob Wissen jedoch eine neue soziale Grundordnung begründet, ist mehr als zweifelhaft. Die acht von ihm vorgeschlagenen Bereichsordnungen der *modernen Wissensordnung* haben sich in der Diskussion nicht durchgesetzt.[35] Gemäß der Einteilung von Spinner sind angewandte wie auch akademische Forschung zunächst einmal Wissenschaft. Das erscheint auch vernünftig zu sein, denn dies enthebt uns der normativen Problematik zwischen *gut* und *schlecht* unterscheiden zu müssen, beziehungsweise die zunehmende Symbiose der beiden Teilsysteme mühsam irgendwie voneinander trennen zu wollen. Auch Luhmann, der die Gesellschaft ja von der *Differenz* der (Teil)Systeme zueinander denkt, ist es eher um das Kommunikationsmedium *Wahrheit* als Abgrenzungsmedium von Wissenschaft zu tun, als um den Unter-

---

nationalen Wissenssystems". In: Bittlingmayer / Bauer 2006, a.a.O., S. 109 – 172. Siehe auch die Literaturliste bei Weingart / Carrier / Krohn 2007, a.a.O.

35 Spinner zählt auf:
- die Akademische Wissensordnung für Freie Forschung und Lehre;
- die Archivarisch-Bibliothekarische Wissensordnung für verwahrtes Dokumentarwissen;
- die Verfassungsrechtliche Wissensordnung des Grundgesetzes für Freie Meinung sowie wissensbezogene Persönlichkeits- und sonstige Informationsrechte;
- die Ökonomische Wissensordnung für kommerzialisiertes Wissen als Ware;
- die Technologische Wissensordnung für technisches Herstellungswissen zur Artefaktbildung wissensbasierter Techniken;
- die bürokratische Wissensordnung für verwaltetes Daten- und Aktenwissen, zwischen behördlichem Amtsgeheimnis und demokratischer Aktenöffentlichkeit';
- die Militärisch-Polizeiliche Wissensordnung für sicherheitsrelevantes Sonderwissen als technische, bürokratisches, politisches Geheimwissen der Regierungsstellen, Wehreinrichtungen und Sicherheitsdienste;
- die Nationale/Internationale Informationsordnung für den innerstaatlichen bzw. grenzüberschreitenden Informationsfluss der Nachrichten einerseits und der Unterhaltungsinformation (,Infotainment') in den modernen Massenmedien andererseits."
(Spinner 1994, a.a.O., S. 16 f. Hervorh. ebd.)

schied von angewandter und akademischer Forschung. Wissenschaft gelangt zu einer operativen Geschlossenheit durch rekursive Vernetzung der Operationen und grenzt sich so von der Umwelt ab.[36] Ein Unterschied zwischen angewandter und akademischer Forschung ist einfach nicht sein Thema.

Die Problematik einer Qualifizierung dessen, was Wissen und Wissenschaft ist und damit die Anwendung auf unsere Gesellschaft, wird durch die massentaugliche Einführung von Internettechnologien verschärft. In den hier entstandenen anonymen Räumen kann man mit Hilfe der modernen Medien falsche Dinge beliebig oft wiederholen, und nur durch diese Wiederholung werden sie am Ende scheinbar richtig. Dies erfordert auch von Seiten der Wissenschaft neue Kommunikationsstrategien.

3.1　Wissensgesellschaft und Kapitalismus

Die Etikettierung unserer Gesellschaft als Wissensgesellschaft beruht zunächst auf einer Zeitdiagnose, welche die Gesellschaft als postindustriell begreift. Da sie aber natürlich weiterhin kapitalistisch bleibt, ist das Verhältnis von Kapitalismus und Wissensgesellschaft die entscheidende Fragestellung. Damit beginnt ein gedankliches Karussell, dass angetrieben wird von unterschiedlichen aufeinander bezogenen Analysekategorien. In der fortschrittsoptimistischen Variante spricht man von einer neuen Gestaltbarkeit sozialer Strukturen, in der pessimistischen von einer Verschleierung bestehender Herrschafts- und Ungleichheitsstrukturen. In jedem Fall ist die *Rede* von der Wissenschaftsgesellschaft als *erklärungsbedürftige soziale Tatsache* anzuerkennen.[37]

Kritiker der Wissensgesellschaft kommen aus verschiedenen theoretischen Richtungen. Sie eint die These, dass die Wissensgesellschaft immer noch stets eine kapitalistische sei, jedenfalls die Industriegesellschaft nicht abgelöst habe – im Gegenteil. Der Begriff der Wissensgesellschaft unterstellt einen freien und individuellen Zugang zu den entscheidenden Ressourcen der neuen Gesellschaft, wenn man nur lebenslang lernt. Hinter dieser Forderung verbirgt sich allerdings ein Instrument, mit dem jederzeit eine Anpassung an die real existierenden Eigentumsverhältnisse verlangt werden kann. Sie ist eine Ideologie, welche die Risiken der Marktdynamik einseitig dem Einzelnen zurechnen will.[38] Die Wissensgesell-

---

36　Luhmann 2002, a.a.O., S. 276.

37　Bittlingmayer 2005, a.a.O., S. 48.

38　Konrad Paul Liessmann: Theorie der Unbildung. Die Irrtümer der Wissensgesellschaft. Frankfurt/M. 2006, S. 35 f. (Büchergilde Gutenberg)

schaft ist nicht der Nachfolger der Industriegesellschaft; der Begriff der Industrie verstand sich als Gegensatz zum Handwerk mit seiner individuellen Herstellung von nichtidentischen Produkten unter nichtidentischen Bedingungen. Industrialisierung ist dagegen der Prozess der Unterwerfung menschlicher Tätigkeit unter das identitätslogische Produktionsparadigma.

„Unter dieser Perspektive wird schnell klar, dass gegenwärtig nicht die Wissensgesellschaft die Industriegesellschaft ablöst, sondern umgekehrt das Wissen in einem rasanten Tempo industrialisiert wird."[39] Und weiter: „Der ‚Wissensarbeiter' entpuppt sich als Phänotyp eines Wandels, der nicht dem Prinzip des Wissens, sondern dem der industriellen Arbeit gehorcht. Es ist nicht der Arbeiter, der zum Wissenden, sondern der Wissende, der zum Arbeiter wird."[40]

3.2 Wissenschaftliches Wissen und seine Relevanz

Auf einer anderen Ebene zu betrachten ist das wissenschaftliche Wissen. Moderne Gesellschaften haben den Anspruch, mit *Wissenschaft* ein Verfahren entwickelt zu haben, dass die Gewinnung und Vermittlung eines intersubjektiv überprüfbaren Wissens darstellt. Das *wissenschaftliche Wissen* hat zunächst die Vermutung von Objektivität auf seiner Seite. Allerdings hat uns die „Verwissenschaftlichung" der Welt nicht vor Absurditäten des Alltags und Unsinnigkeiten der Politik bewahrt, weil Wissen und Politik zwei Welten sind. Alles Wissen hat den Irak-Krieg nicht verhindern können, nicht die Konzeptlosigkeit des Afghanistan-Einsatzes, es hat vor allem die Finanz- und Wirtschaftskrise nicht verhindert und wird dies auch in Zukunft nicht tun. Wir wissen alles über die Rentenproblematik; warum unser Gesundheitssystem so fehlerhaft ist, wissen wir schon weniger, aber seine Struktur entzieht sich einer Lösung. Die Rede von einer auf Wissen beruhenden Gesellschaftsordnung mit der Aussicht auf insgesamt bessere Handlungsvoraussetzungen steht zudem in einem auffälligen Missverhältnis zu einer Reihe anderer Leitbegriffe des öffentlichen Diskurses wie Risiko, Unsicherheit, Nichtwissen, Autoritätsverfall der Experten.[41]

Forschung und Innovation sind noch kein Grund, von einer Wissensgesellschaft zu sprechen. Erstens ist die begründende Vernunft als Maßstab nur in Teilen der Gesellschaft existent, z.B. in einigen Forschungsinstituten; zweitens „werden weder die Wissenschaftler zu einer dominierenden sozialen Schicht noch die

---

39 Liessmann 2006, a.a.O., S. 40.
40 Liessmann 2006, a.a.O., S. 43.
41 Weingart 2005, a.a.O., S. 13.

wissenschaftliche Rationalität zu einer den Alltag bestimmenden Denkform."[42] So stemmen sich auch konservative Autoren gegen die „Kapitalisierung des Geistes", die „Partikularisierung und Fragmentierung" eines Wissens, das mit Bildung, geschweige denn humanistischer Bildung, nicht zu tun hat.[43] Wir nähern uns der Vermutung, dass die Wissensgesellschaft eher eine Verdummungsgesellschaft ist.[44]

Diese kritische Analyse der sog. Wissensgesellschaft verdeutlicht die großen Herausforderungen, denen sich eine wirksame und den Interessen der Wissenschaft wie der Gesellschaft dienliche Kommunikation von Wissenschaft ausgesetzt sieht.

4   Wissenschaftskommunikation

Das Thema Wissenschaftskommunikation befasst sich mit der Verortung von Wissenschaft in der Gesellschaft und bewegt sich zwischen dem sog. *Policy-science interface* (also der Politikberatung und Einflussnahme auf Entscheidungsträger), Formen der Pädagogik und zum Verständnis komplexer wissenschaftlicher Erkenntnisse geeigneter höchst unterschiedlicher Medienformate für sehr unterschiedliche Zielgruppen. Wissenschaftskommunikation ist inzwischen zu einem eigenen Forschungsfeld avanciert.[45] Sie ist ein Gegenstand der Kommunikations- und Medienwissenschaft geworden, die als akademische Disziplin forschendes Subjekt einerseits und andererseits auch untersuchtes Objekt der Wissenschaftssoziologie ist. Man kann beim Thema Wissenschaftskommunikation vielleicht zwischen zwei Ebenen unterscheiden. Die erste Ebene ist die Rolle von Wissenschaft in der Gesellschaft, die mit der Aufklärung an Bedeutung zunahm, im 19. Jahrhundert professionalisiert wurde, in Deutschland lange dem

---

42   Liessmann 2006, a.a.O., S. 48.

43   Als herausragendes Beispiel hierfür wählt der österreichische Philosoph Konrad Paul Liessmann die Wissensshow „Wer wird Millionär?", die das Gegenteil von sinnstiftendem Wissen vertritt, nämlich Details zu Geländebaggern ebenso abfragt wie den Totenkult der Etrusker. So kann Liessmann zu der Folgerung kommen: „Das, was sich im Wissen der Wissensgesellschaft realisiert, ist die selbstbewusst gewordene Bildungslosigkeit." (Liessman 2006, a.a.O., S. 73.)

44   So titelt die Frankfurter Allgemeine Sonntagszeitung Nr. 2 vom 17. Januar 2010 auf Seite 19: „Die weltweite Vernetzung von Intelligenz produziert nicht Über-Intelligenz, sondern Banalität"

45   Indre Zetzsche (Hrsg.): Wissenschaftskommunikation. Streifzug durch ein „neues" Feld. Bonn 2004 (Lemmers).

Humboldt´schen Bildungsideal folgte und seit einigen Jahren verstärkt unter dem Zwang von Nützlichkeit für Wirtschaft und Arbeit steht. Die zweite Ebene ist die praktische Frage, mit welchen Projekten, Medien und Formaten

a) die Bedeutung dieser Rolle gegenüber dem Publikum transportiert wird und
b) man den Menschen erklärt, wie bestimmte Dinge (Verfahren, Naturprozesse usw.) funktionieren. Letzteres läuft aus Sicht von Medienmachern schnell Gefahr, als eine Art Bildungsarbeit oder Unterricht vom Rezipienten negativ wahrgenommen zu werden.

Die Wissenschaft versucht, sich nach außen darzustellen. Am einfachsten ist dies natürlich, wenn man einen gewissen *Nutzen* der Forschung darlegen kann, zum Beispiel eine sichtbare und praktische Erfindung, die das Leben erleichtert. Noch vor wenigen Jahrzehnten war das Einwerben von Drittmitteln, zum Beispiel von einer industrienahen Stiftung, verpönt, die Wissenschaft sollte „frei" von äußeren Einflüssen sein. Ein solches Bild von der Forschung in der Öffentlichkeit war erwünscht. Inzwischen stehen Professoren unter einem enormen Druck, Gelder aus allen Bereichen der Gesellschaft für ihre Lehrstuhlfinanzierung zu akquirieren. Unser Begriff von Wissenschaft hat sich verändert, Nutzenerwägungen sind in den Vordergrund gerückt. In unserer kapitalistischen, wettbewerbsorientierten und um die Ansiedlung von Arbeitsplätzen bemühten Gesellschaft sind Staat, Universitäten und Unternehmen schon lange strategische Partnerschaften eingegangen, und das ist auch richtig so. Die Frage, wo sich eine Einrichtung zwischen Grundlagenforschung und Kommerzialisierung von ihrem Selbstverständnis her positioniert, ist auch ein Aspekt der Wissenschaftskommunikation.

4.1 Die „Lebenswissenschaften" im Fokus des öffentlichen Interesses – Begriffe und ihre Wirkung auch in der Wissenschaft

Etwa die Biologie oder die Genomforschung werden durchaus kritisch in der Öffentlichkeit wahrgenommen. Sie eignen sich besser für eine ideologische Aufladung als die Auseinandersetzung mit archäologischen Prozessen.

Hier hat die Wissenschaft aber durchaus kommunikativ reagiert und die Anregungen der Industrie umgesetzt: Der Begriff „Life Science" ist zu einer eigenen Marke geworden, mit der auch geworben wird. So präsentiert sich der Fraunhofer-Verbund Life Science als eine naturwissenschaftlich-technologische Gemein-

schaft hochqualifizierter Experten aus Schlüsselbereichen der modernen Lebenswissenschaften und nennt die Disziplinen:

- Personalisierte Diagnostik und Biopharmazeutika
- Regenerative Medizin für gesundes Altern
- Chemikaliensicherheit
- Wechselbeziehungen zwischen gesunder Ernährung und der Prävention von Krankheiten
- Neue Quellen und Verfahren für biobasierte Chemikalien.

Es werden also unterschiedliche Disziplinen, Forschungseinrichtungen und Aus-
bildungsgänge mit dem Begriff Lebenswissenschaften belegt, weil ihnen eines gemein ist, sie beschäftigen sich mit Prozessen und Strukturen, an denen Lebewesen
beteiligt sind. Sie werden manchmal auch in einem sehr weiten Sinne verwendet
und auf nicht genuin biologische Disziplinen beschränkt, sondern z. B. auf die
Psychologie ausgedehnt. Aus kommunikativer Sicht bleibt festzuhalten: mit den
Begriffen „Lebenswissenschaften" und „Life Sciences" werden durchaus komplexe
Wissenschaftsgebiete, die auch sehr kontroverse Ergebnisse zu vertreten haben,
mit positiven Begriffen in Verbindung gebracht.

Die Klimaforschung zählt nicht zu den „Lebenswissenschaften", aber man
könnte die Klima- und Nachhaltigkeitsforschung als „Überlebenswissenschaft"
bezeichnen. Diese wiederum ist ebenfalls nah bei den Menschen. Klimawissenschaft wird in der öffentlichen Wahrnehmung als eine Wissenschaft wahrgenommen, die schlechte Botschaften kommuniziert und zu einschränkenden Verhaltensänderungen ermahnt. Aber all das dient dem Überleben der Menschen.
Warum nennen wir sie dann nicht auch so und sprechen von der „Überlebenswissenschaft".

Da ist wichtig: Wissenschaft darf nicht als etwas „Abgehobenes" verstanden
werden, zu dem der Zugang ohnedies verschlossen bleibt. Was wir über Wissenschaften wissen, wissen wir in der Regel durch die Medien, es entstehen hier komplexe Koppelungsprozesse. In historischer Perspektive sind die Ursachen hierfür
die Entstehung der massendemokratischen Öffentlichkeit und die wachsende Distanz der Wissenschaft zu ihr, d.h. die Wissenschaft wurde professionalisiert in
Universitäten und Unternehmen, während gleichzeitig in der Mediengesellschaft
zwei Begriffe an Bedeutung gewannen – nämlich *Nachrichtenwert* und *Unterhaltungsbedürfnis*.

Seit einigen Jahren erzielen Sendungen wie „Abenteuer Wissen", „Planet Wissen" oder „Welt der Wunder" gute Quoten; sog. Wissensmagazine im Printbereich
gibt es in unüberschaubarer Anzahl. Die Medien reagieren mit diesen Formaten

auf die sog. Wissensgesellschaft. Wissen ist zu einer Leitkategorie geworden – der Erwerb von Wissen, die Teilhabe an Wissen gilt heute als gesellschaftlicher Wert. Gleichzeitig geht es jedoch auch hier um Quote und Rendite. Die Wissenschaft ist den rasch wechselnden Themenkonjunkturen und Formaten der Medien ausgesetzt. *Infotainment* oder *Edutainment* müssen sich nicht vorteilhaft auf die Wissenschaft auswirken, wenn die besonderen Eigenschaften und Bedürfnisse in diesen Medienformaten nicht vorkommen. Ein besonders abschreckendes Beispiel ist hier die Sendung „Wer wird Millionär?" bei der zusammenhangloses Wissen abgefragt wird. Auf der anderen Seite wäre die „Sendung mit der Maus" ein gutes Beispiel dafür, bereits Kinder an die Wissenschaft heranzuführen.

Allemal ist das unterhaltende Element in den Massenmedien zum „Siamesischen Zwilling" der Information geworden. Und zur Unterhaltung gehört der „positive Zugang" zum Thema. Darum will ich das Augenmerk auf Begriffe lenken, die positiven Zugang signalisieren. Man denke an Krankenkassen, die sich jetzt Gesundheitskassen nennen. *Die Klimawissenschaft ist Überlebenswissenschaft.*

4.2 Andere Instrumente der Wissenschaftskommunikation

Wissenschaftskommunikation vollzieht sich aber nicht nur in und durch Medien (obwohl diese in jedem Fall eine höchst multiplizierende Wirkung haben), sondern auch in Form von Technik-Zentren, Museen oder Events. Prominent sind auch „Wissenschaftswochen", Nächte der Wissenschaft, „Wissenschaftssommer", „Wissenschaftsjahre" oder Standorte der Wissenschaft.

Bei den sog. *Science Centers* können drei Typen unterschieden werden:

1. Klassische Science Center: (Dieser Typ lehnt sich eng an das erste Science Center an, das 1969 von den Brüdern Oppenheimer in San Franzisko gegründet wurde.) Sie bieten primär physikalische Experimente an und stellen zeitlose naturwissenschaftliche Phänomene und Technologien in den Vordergrund. Da die interaktiven Exponate im klassischen Konzept weder kontextualisiert noch in historisch-gesellschaftliche Zusammenhänge gestellt werden, spricht man von einem „puristischen Ansatz".
2. Hybride Science Center: Hierzu zählen sowohl SC, die ihre Exponate und Experimentierstationen in einen thematisch-gesellschaftlichen Bezugsrahmen stellen, als auch Wissenschafts- und Technikmuseen, die interaktive Exponate und Multimedia-Stationen in ihr Museumskonzept integrieren.

3. Moderne Science Center: Sie zeichnen sich durch Multimedia- und Freizeite-
    lemente aus und zielen nicht nur auf Wissenschafts- und Technikvermittlung,
    sondern gleichermaßen auf Spaß, Unterhaltung und Zerstreuung.

Die verschiedenen Wissenschaftsevents (Stadt, Nacht, Sommer, Jahr) werden
in der Bundesrepublik Deutschland maßgeblich von der Berliner Organisation *Wissenschaft im Dialog* vorangetrieben. Die WiD wird von verschiedenen
Wissenschaftsorganisationen getragen und akquiriert zudem Projektgelder von
wechselnden Partnern. WiD organisiert jedoch nicht nur Veranstaltungen, die
Forschung hautnah erlebbar machen sollen, sondern unterhält einen qualitativ
anspruchsvollen Internetauftritt[46] und zertifiziert Trainingsangebote im Bereich
der Wissenschaftskommunikation. Die Site von WiD informiert über Kongresse,
pädagogische Projekte und Journalismus-Preise. Es existiert ein jährlich stattfin-
dendes dreitägiges „Forum Wissenschaftskommunikation", in welchem über aktuelle Trends und Strategien diskutiert wird. Auch die virtuelle Welt des Internets
wird beobachtet und dokumentiert. Es gibt Hinweise auf eine erfolgreiche Pres-
searbeit, auf Ausbildungsmöglichkeiten zum Thema, und neuere Literatur wird
ebenfalls bekannt gemacht.

Bei Wissenschaftskommunikation handelt sich also um eine Schnittmenge
aus Politikberatung, Medienarbeit und Events / Museumsarbeit / Pädagogik. Sie
kann wie folgt dargestellt werden (Abbildung 1).

Mediale Wissenschaftskommunikation ist also nur ein Teilbereich dieser Schnitt-
fläche. Nach dem Modell der *Popularisierung* wissenschaftlichen Wissens geben
die Medien „die wissenschaftlichen Wahrheiten" in allgemein verständlicher
Form an die Öffentlichkeit weiter. Aber die Gesellschaft trägt offensichtlich unterschiedliche Erwartungen an die verschiedenen Wissenschaftsdisziplinen he-
ran, und diese fühlen sich offensichtlich unterschiedlich bemüßigt, der Gesellschaft zu „antworten".

---

46 wissenschaft-im-dialog.de/wissenschaftskommunikation

Abbildung 1 Bereiche von Wissenschaftskommunikation

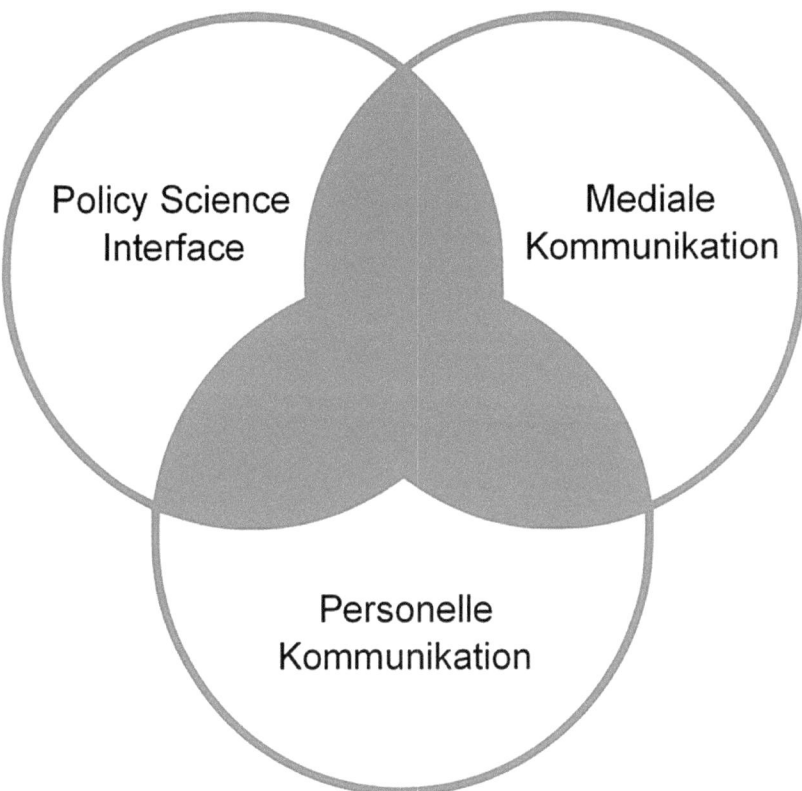

4.3 Wissensbereiche und die Autonomie ihrer Erkenntnisproduktion

Selbst ein Profi im Erfassen geisteswissenschaftlicher Texte hat enorme Probleme, ein Buch über Linguistik zu verstehen, aber noch nie musste sich ein Linguist dafür rechtfertigen. Die Disziplin ist von der Wahrnehmung eines gesellschaftlichen Nutzens einfach zu weit entfernt und hat sich in den staatlichen Forschungs- und Förderungsstrukturen eingerichtet. Das aber begünstigt eine gewisse „akademische Inzucht", ähnlich wie bei einigen Spezialsoziologien. Und niemand erwartet von der zahnmedizinischen Forschung eine „Wissenschaftskommunikation", sondern man setzt sich vertrauensvoll in den Behandlungsstuhl. Und auch die Rechtslehre unterliegt kaum Rechtfertigungsdruck bezüglich ihres Tuns und ihrer Wirkung, weil es ihr gelungen ist, gesellschaftliche Macht *zu definieren*. Warum haben Juristen immer noch weitgehend dieses Image der Allzuständigkeit und Vertrauenswürdigkeit, und warum müssen sich Klimaforscher sehr viel häufiger erklären? Diese Beispiele zeigen, dass es sinnvoll sein kann, Wissenschaftsbereiche (Disziplinen) nach der *Autonomie ihrer Erkenntnisproduktion* zu unterscheiden, wobei Autonomie als Unabhängigkeit der Wissenschaftsbereiche von ihrer jeweiligen Umwelt, vor allem von anderen Teilbereichen wie der Politik und der Wirtschaft zu verstehen ist. Es gibt Wissenschaftsbereiche, die hinsichtlich ihrer Themensetzung und Methodenwahl stärker oder eben schwächer an die gesellschaftliche Umwelt gekoppelt sind.[47]

4.4   Medialisierung als Tauschprozess von Informationen und Legitimation

Die Analyse der Medienberichterstattung kann man nach Schäfer anhand von zwei Theorien gedanklich zu erfassen versuchen. Das theoretische Konzept der *Medialisierung* geht von einem Tauschprozess zwischen Wissenschaft und Medien aus: Die Wissenschaft befriedigt das massenmediale Bedürfnis nach Neuem und Aktuellem, und andererseits dienen Massenmedien der Wissenschaft als Ort der Legitimation.[48] Man geht dabei von einer Zunahme wissenschaftlicher Themen in den Massenmedien und einer wachsenden Beteiligung unterschiedlicher und auch nicht-wissenschaftlicher Akteure und Inhalte sowie von zunehmend kontroversen Diskussionen aus. Schäfer[49] fragt, warum Massenmedien Wissenschaftsbereiche unterschiedlich thematisieren und welche Bedingungen dazu führen.

Die Antwort liegt auf der Hand. Der zentrale Begriff ist die Betroffenheit. Zum einen gibt es eine natürliche Betroffenheit der Menschen, wie wir sie vor allem immer nach großen Katastrophen beobachten können, man denke etwa an Fukushima und die politischen Folgen aus beobachteter, vielleicht sogar selbst empfundener Sorge der Politiker/innen in Deutschland. Zum anderen spüren Medienmacher auch wissenschaftliche Themen auf, die Ängste und Vorurteile von Menschen – Betroffenheit - bedienen und betreiben sozusagen ein „gesellschaftliches Agenda-Setting", sie setzen und überzeichnen ein Thema und forcieren so die Betroffen-

---

47   Mike S. Schäfer :Wissenschaft in den Medien. Die Medialisierung naturwissenschaftlicher Themen. Wiesbaden 2007 (Verlag für Sozialwissenschaften), S. 45.

48   Der bereits häufig zitierte Peter Weingart ist ein Vertreter dieses Ansatzes.

49   Schäfer 2007, a.a.O., S. 32 – 34.

heit in der gesellschaftlichen Diskussion. Das erleben wir regelmäßig im Umfeld soziologischer Studien zu Migration und „Fremdenkultur". Die ansonsten meist ungeschoren davon kommenden Rechtswissenschaftler und Rechtspsychologen geraten immer dann in den Fokus der von Medien erzeugten Betroffenheit, wenn es zum Beispiel um „menschenwürdige Behandlung" von Straftätern geht, etwa in der Diskussion um die Qualität der Sicherungsverwahrung in Deutschland.

4.5 Wissenskulturen und Öffentlichkeit

Das zweite theoretische Konzept zur Analyse der Medienberichterstattung im Wissenschaftsbereich ist das bereits vorgestellte *Modell der Wissenskulturen.* Dieses Modell nimmt für unterschiedliche Wissenschaftsbereiche unterschiedlich intensive Koppelungen zu den Medien an. Der Hintergrund sind spezifische „Theorieformen" und „Praxisformen" von Wissenschaft. Theorieformen sind Denkweisen, die sich entweder offen (den Kontakt suchend) gegenüber anderen Disziplinen und Forschungsbereichen zeigen („konfigurational operieren") oder eben „restriktiv" sind und „ihr eigenes Ding machen". Wissenschaft als Praxisform sind zum Beispiel Simulationsverfahren im Labor. Wenn eine Praxisform allein der innerwissenschaftlichen Erkenntnis dient (*Republic of Science*) spricht man von einer „zeichengenerierenden" Praxisform, dient sie der technischen Innovation oder der Gesellschaft ist sie „datengenerierend" (*Science in Context*).[50]

Es ist nun nachvollziehbar, dass Wissenschaftsbereiche aus der Wissenskultur *Science in Context* besonders hohe Chancen auf eine öffentliche Erörterung haben, weil sie eine innerwissenschaftliche interdisziplinäre Breite mit einem starken Außenbezug verbinden. Wissenschaftsbereiche der Wissenskultur *Republic of Science* haben nach diesem Denkmodell dagegen kaum eine Chance auf eine intensive öffentliche Thematisierung, weil sie innerwissenschaftlich isoliert sind und nur schwache Außenbezüge zeigen. Zusammengefasst: „Das Medialisierungs-Paradigma postuliert, zeitgenössische Wissenschaftsberichterstattung sei umfangreich, pluralisiert und kontrovers. Offen bleibt, ob sich diese Annahmen auf alle Wissen-

---

50 Dem sehr speziellen Thema der epistemischen Kulturen widmet sich besonders Stefan Böschen. Vergl. Stefan Böschen / Ingo Schulz-Schaeffer (Hrsg.): Wissenschaft in der Wissensgesellschaft. Wiesbaden 2003 (Westdeutscher Verlag); Stefan Böschen / Peter Wehling: Wissenschaft zwischen Folgenverantwortung und Nichtwissen. Aktuelle Perspektiven der Wissenschaftsforschung. Wiesbaden 2004 (Verlag für Sozialwissenschaften).

schaftsbereiche beziehen. (...) Das Modell der Wissenskulturen unterscheidet zwischen ‚offenen' und ‚geschlossenen Gestaltungsmöglichkeiten'."[51]

Schäfer hat die Modelle anhand der Beispiele Neutrino-, Humangenom- und Stammzellenforschung empirisch untersucht und kommt zu dem Ergebnis, dass sich die Behandlung der Themen in den untersuchten Printmedien Süddeutsche Zeitung und Frankfurter Allgemeine Zeitung stark unterscheiden, und zwar hinsichtlich der Darstellung, der sich zu Worte meldenden Akteure und auch was die Heftigkeit der Kontroversen angeht. Die These von einer themenübergreifenden oder stetigen Medialisierung aller wissenschaftlichen Themen trifft demnach nicht zu, wenngleich eine Untersuchung in den beiden ausgewählten Publikationen nur einen begrenzten Rahmen der Medien und ihrer Zielgruppen abbilden kann. Dagegen gibt es eine gewisse Übereinstimmung mit dem Modell der Wissenskulturen: Je interessanter und politisch verwertbarer ein Thema ist, desto mehr Aufmerksamkeit generiert es.

Tabelle 1 Wissenskulturen und Öffentlichkeit

	Wissenskultur „Republic of Science"	Wissenskultur „Science in Context"
Grundlogik der Berichterstattung	• geschlossene Gestaltungsöffentlichkeit • „Public Understanding of Science"	• offene Gestaltungsöffentlichkeit • Medialisierung
Zentrale Prinzipien	• wissenschaftliche Rationalität • Einstimmigkeit • kurze Thematisierung	• Pluralität • Kontroverse • extensive Thematisierung
Struktur	• kleine, kurze Debatte • Artikel im Wissenschaftsteil • Anlässe aus der Wissenschaft	• umfassende Debatte • Artikel in unterschiedlichen Ressorts • Anlässe aus div. Teilsystemen
Standing	• Dominanz von (v.a. wissenschaftlichen) Experten und Eliten	• Ergänzung der Experten durch nicht-wissenschaftliche Akteure
Bewertung	• Sachlich-rationale Orientierung • wenige, eher positive Bewertungen	• differenzierte Orientierung • mehr, auch negative Bewertungen
Framing	• wissenschaftlich-rationale Deutungen	• Vielzahl von, auch nicht-wissenschaftlichen, Deutungen

Quelle: Schäfer 2007, a.a.O., S. 54.

---

51   Schäfer 2007, a.a.O., S. 34.

Wissenschaftsberichterstattung kann aber nicht nur allein vor dem Hintergrund der Strukturen von Wissenschaftsmodellen betrachtet werden. Das Modell der Wissenskulturen ist noch sehr ungenau – aber es scheint in die richtige Richtung zu zeigen, wenn man es mit anderen Ansätzen ergänzt. Ich komme zurück auf medienwissenschaftliche Analysefaktoren:

- Agenda-Setting und Agenda-Building,
- Nachrichtenfaktor und
- diskursive Gelegenheitsstrukturen.

4.6 Agenda-Setting und Agenda-Building: Wer setzt die Themen?

Im Rahmen des Agenda-Setting-Ansatzes wird davon ausgegangen, dass die Massenmedien bestimmte Themen vorgeben, also gegenüber der Bevölkerung eine Thematisierungsfunktion ausüben. Durch die Häufigkeit der Berichterstattung, durch den Umfang und die Aufmachung beeinflussen die Medien die Bedeutung eines Themas. Spricht man dagegen von Agenda-Building, so wird angenommen, dass die Medienagenda aufgrund von *Angeboten* politischer oder eben wissenschaftlicher Akteure zustande kommt. Hierbei geht es um die Nachrichtenauswahl der Journalisten und um Einflussnahme auf die Berichterstattung.[52] – Welche Angebote macht nun die Klimaforschung an die Medien? Gibt es eine Öffentlichkeitsarbeit der Klimaforschung, die nicht nur auf Anfrage reagiert? Oder geht die Initiative von den Medien aus, die also das Thema „setzen" (Agenda-Setting), statt dass es von anderen „gebaut" wird (Agenda-Building)? Welches sind die Akteure, die ein Interesse haben, sich zu den Themen öffentlich zu äußern?

Jürgen Kropp, stv. Leiter des Forschungsbereiches II am PIK, Klimawirkung und Vulnerabilität, formuliert eindeutig:

> „Wir sind eine Forschungseinrichtung, berichten und informieren offen über unsere Forschungsergebnisse, wenn wir beratend tätig werden."

Dieser Prämisse entsprechend ist auch PIK-Homepage gestaltet: Forschungsprojekte und ihre Ergebnisse werden beschrieben, nachhaltige Lösungsstrategien werden genannt. Darüber hinaus wird über Mitarbeiter, Kooperationspartner

---

52 Michael Kunczik / Astrid Zipfel: Publizistik. Köln, Weimar, Wien (2)2005, S. 355 – 373.

und Publikationen berichtet, Einflussnahmen auf Redaktionen und eigene Medienkampagnen sind nicht bekannt.

Die sog. Klimaskeptiker hingegen, also diejenigen, die menschliche Verantwortung für den Klimawandel und einen möglichen Einfluss auf die Entwicklung bestreiten, und darüber hinaus seine Folgen zu bagatellisieren versuchen, betreiben nicht nur eine intensive Informationspolitik, sondern sind darüber hinaus auch sehr aktiv im Agenda-Building in Form unterschiedlichster Medienkampagnen. Sie versuchen, die Themen – vor allem im Internet – selbst zu setzen.

Sie diskreditieren alle Klimaprojektionen und behaupten, sie seinen zum großen Teil politisch beeinflusst, der Mensch sei nur für einen geringen Teil der CO 2-Produktion verantwortlich, die Sonne, die Ozeane, der Wasserdampf und die Vulkane beeinflussten das Klima sehr viel intensiver und überhaupt gäbe es genug Rückkoppelungen, sodass der Treibhauseffekt auch wieder abgeschwächt werde.[53]

Die Klimaskeptiker sind nur eine Minderheit und gelegentlich kommt auch die von ihnen in Auftrag gegebene Forschung zu ihnen widersprechenden Ergebnissen. WELT-ONLINE berichtet am 05.07.2012 (http:www.welt.de/105244288) unter dem Titel „Studie lehrt Klimaskeptiker die bittere Wahrheit" von Ergebnissen, die Behauptungen der Klimaskeptiker widerlegen.

Auch diese Studie, die nicht den erwünschten Erfolg aus Sicht der Auftraggeber brachte, wurde von der Charles G. Koch Charitable Foundation finanziert, die aus dem Öl- und Chemiekonsortium Koch Industries hervorging.

Dass es sich bei den Klimaskeptikern auch um Lobbyisten der Industrien handelt, die aus wirtschaftlichen Erwägungen den Klimawandel leugnen, liegt auf der Hand und ist in den USA auch umfassend erforscht – vor allem durch Naomi Oreskes, Professorin für Geschichte und Wissenschaftsforschung (History and Science Studies) an der University of California, San Diego und ihrem mittlerweile zum Standardwerk avancierten Buch „Merchants of Doubt: How a Handful of Scientists Obscured the Truth on Issues from Tobacco Smoke to Global Warming"[54] Eine ähnlich umfassende Betrachtung klimaskeptischer Institutionen und ihrer Arbeitsweise in Europa steht bislang noch aus.[55] Das hat

---

53 FOCUS-Online: http://www.focus.de/wissen/klima/tid-8638/diskussion_aid_234320. html

54 Naomi Oreskes, Erik M. Conway Merchants of Doubt: How a Handful of Scientists Obscured the Truth on Issues from Tobacco Smoke to Global Warming, Bloomsbury Press, 2010.

55 Die Non-Profit-Organisation „Corporate Europe Observatory" hat sich intensiv mit Verbindungen von Industrie uns klimaskeptischen Thinktanks in Europa auseinandergesetzt, aber wegen der beschränkten Einsichtsmöglichkeiten in die Finanzierung derselben konnten nur wenige Aussagen zu den tatsächlichen Verbindungen zwischen

verschiedene Gründe: Zum einen müssen in Europa so genannte Thinktanks ihre Finanzierung nicht offen legen, daher ist ein Nachweis, dass es sich bei klimaskeptischen Positionen in Wirklichkeit um finanzierte Lobbyarbeit handelt, nicht einfach zu führen. Zum anderen sind viele Institutionen, die in Europa operieren, Ableger US-Amerikanischer Institutionen, die ihren Aktionsradius einfach auf Europa ausgeweitet haben. Hinzu kommt: Handlungsstrategien betreffs des Klimawandels müssen international festgelegt werden. Das ermöglicht international operierenden Unternehmen, national jeweils unterschiedlich zu agieren. Während in Europa ein nachhaltiges Image gepflegt wird, werden von den selben Unternehmen in den USA Wahlkampfspenden an Kandidaten mit klimaskeptischen Positionen vergeben, um anschließend hierzulande auf den internationalen Dissens verweisen zu können, der einen europäischen Alleingang aufgrund der internationalen Konkurrenzsituation unmöglich macht.[56]

Man mag die Medienarbeit der Klimaskeptiker in Deutschland für weitgehend wirkungslos halten, ich warne jedoch davor. Gerade im Internet werden Zweifel am anthropogenen Klimawandel scheinbar quantitativ unverhältnismäßig kommuniziert. Man findet nicht nur an prominenter Stelle Medienauftritte von so genannten Klimaskeptikern[57], sondern auch die Comunity scheint, betrachtet man die Kommentare auf blogs, youtube und Online-Auftritten etablierter Tageszeitungen[58], zu einem großen Teil die Ansicht zu vertreten, dass es den von Men-

---

Industrie und Thinktanks gefunden werden. Die Studie zeigt aber anschaulich, wie europäische Thinktanks, die klimaskeptische Positionen vertreten, untereinander und mit Institutionen in Europa verknüpft sind. Corporate Europe Observatory (Hrsg.), Concealing their sources - who funds Europe's climate change deniers?, Niederlande 2010.

56   Climate Action Network Europe, Think globally sabotage locally, October 2010. Download unter: http://climnet.org/component/docman/doc_download/1716-caught-polluting-european-companies-backing-climate-deniers-in-the-us-senate. html, letzter Abruf 04.05.2011.

57   Unter den ersten 12 Suchergebnissen bei google beim Suchwort „Klimawandel" findet sich mindestens 1 Seite, die klimaskeptische Inhalte kommunizieren. (http://www. klimaforschung.net)

58   Vgl. Artikel „Die Gefahr der Kippelemente" von Anders Levermann in der FAZ-Onlineausgabe, 14. April 201, http://www.faz.net/s/Rub469C43057F8C437CACC2DE-9ED41B7950/Doc~EE0C3D37BDFBF482BB16A6351593E4268~ATpl~Ecommon~Sco ntent.html, letzter Abruf 03.05.2011. Die Mehrzahl der Kommentare zu dem Artikel, in dem Andres Levermann in Bezug auf die Atomkatastrophe in Japan, Fukushima, vor ähnlichen Katastrophen in Folge des Klimawandels warnt, zeugen von einer klimaskeptisches Haltung. Ein Beispiel ist der Kommentar von einem Bernd Walther: *… Die Behauptung industriell erzeugte Abgase seinen am Klimawandel schuld wird von den elitären Geldschöpfern unterstützt, weil mit einer Kohlendioxid-Besteuerung*

schen gemachten Klimawandel nicht gibt oder seine Folgen übertrieben werden. Institutionen und Organisationen wie dem Potsdam-Institut für Klimafolgenforschung und dem IPCC unterstellt man Verschwörungsabsichten und „sozialistische Umtriebe", die das Ziel haben, eine neue Weltregierung oder eine „Expertokratie" zu installieren. So durchsichtig diese Darstellungen für Fachleute auch sind, sie bleiben in der öffentlichen Diskussion nicht unbedingt ohne Wirkung. Im Zuge der so genannten „tea party-Bewegung" haben sich die Verhältnisse in den USA beinahe umgekehrt, nur noch eine Minderheit der US-Amerikanischen Öffentlichkeit ist von der Tatsache überzeugt, dass der Mensch den Klimawandel zu verantworten hat.[59] Die Republikaner boten bei den Senatswahlen im November 2010 bis auf eine Ausnahme nur Kandidaten auf, die den wissenschaftlichen Konsens bestritten.[60]

Wie brüchig die scheinbar einhellige Allianz auch in Deutschland ist und wie nahe Klimaskeptiker auch hierzulande mit dem politischen System verbunden scheinen, zeigen mehrere Beispiele. 2010: Der US-Physiker Fred Singer spricht vor einer gut besuchten Diskussionsrunde von FDP-Abgeordneten im Bundestag. Auch die umweltpolitische Sprecherin der CDU-Fraktion Marie-Luise Dött war gekommen und lobte Singers Vortrag anschließend als „sehr, sehr einleuchtend".[61] Fred Singer zählt zu den prominentesten Klimaskeptikern der USA, der sein Credo „Zweifel ist unser Geschäft" schon erfolgreich im Auftrag der Tabakindustrie erprobte.[62] 2011: Minister Brüderle stellt zusammen mit einem von ihm hoch ge-

    sowohl ihre politische Macht (internationale Gesetze, Weltregierung) als auch ihr mo-
    netaristischer Zinsgewinn (Klimasteuern) erheblich steigen würde. ...

59 Marlies Uken, Tea Party – die Partei der Klimawandel-Skeptiker, Zeit Online, 12. SEPTEMBER 2011, http://blog.zeit.de/gruenegeschaefte/2011/09/12/tea-party-die-partei-der-klimawandel-skeptiker/, (letzter Abruf: 10.07.2012), vgl auch: Leiserowitz, A., Maibach, E., Roser-Renouf, C., & Hmielowski, J. D. (2011) Politics & Global Warming: Democrats, Republicans, Independents, and the Tea Party. Yale University and George Mason. University. New Haven, CT: Yale Project on Climate Change Communication. http://environment.yale.edu/climate/files/PoliticsGlobalWarming2011.pdf

60 Frank Newport, 11.März 2010, Americans' Global Warming Concerns Continue to Drop, Multiple indicators show less concern, more feelings that global warming is exaggerated, Gallup-Umfrage, (http://www.gallup.com/poll/126560/Americans-Global-Warming-Concerns-Continue-Drop.aspx)

61 Cordula Meyer, Die Wissenschaft als Feind, Spiegel Online, 04.10.2010, http://www.spiegel.de/spiegel/a-721168.html (letzter Abruf: 10.07.2012)

62 Vgl. Naomi Oreskes , Erik M. Conway Merchants of Doubt: How a Handful of Scientists Obscured the Truth on Issues from Tobacco Smoke to Global Warming, Bloomsbury Press, 2010.

lobten „Querdenker" im Berliner Kulturkaufhaus Dussmann dessen Buch vor.[63] Bei diesem Autoren handelt es sich um Günter Ederer, der unter anderem für den Film „Der Klima-Schwindel – Wie die Öko-Mafia uns abzockt" mit verantwortlich ist.[64]

Die Klimawissenschaftler forschen, entwickeln Lösungsstrategien und informieren darüber, sie bilden den akademischen Nachwuchs aus und beraten Entscheidungsträger in Politik, Wissenschaft und Gesellschaft (policy-science-interface). Die Informations- und Medienaktivitäten konzentrieren sich dabei auf Formen klassischer PR-Arbeit. Demgegenüber betreiben die sog. Klimaskeptiker" massiv Agenda-Building, vor allem im Internet.

4.7 Die innermedialen Routinen der Selektion von Inhalten

Dem „Medienverhalten" der Klima-Akteure steht das Handeln der Journalisten und Redakteure gegenüber. Es geht um die spezifischen *inner*medialen Routinen der Selektion und Präsentation von Themen und Inhalten. Man glaubt zu wissen, welche Ereignisse für das Publikum interessant sind und nutzt als Kriterien

- Zeit (u.a. die Dauer des Ereignisses)
- Nähe (räumlich, politisch, kulturelle Betroffenheit)
- Status (z.B. politische Macht der beteiligten Personen oder Regionen)
- Dynamik (Überraschung oder Komplexität der Verlaufsform)
- Valenz (Konflikt, Kriminalität, Schaden, Erfolg)
- Identifikation (Personalisierung, Ethnozentrismus).

An diesen Ereignismerkmalen orientiert sich die Auswahlentscheidung der Journalisten, die damit die Publikationswürdigkeit, d.h. den *Nachrichtenwert* eines Geschehnisses bestimmen.[65]

Der Ansatz der diskursiven Gelegenheitsstrukturen bezieht sich auch auf die Vermutung, dass einige Themen besser als andere an soziokulturelle Strukturen

---

63 Hanno Böck, Brüderle hofiert Klimaskeptiker, 15. März 2011, Kilmaretter.info, http://www.klimaretter.info/politik/nachricht/8163-bruederle-hofiert-klimaskeptiker (letzter Abruf: 10.07.2012)

64 Report München / Günter Ederer: Aufklärung statt Panikmache: Experten warnen vor Al Gore und den Klimahysterikern. 9.7.07. www.br-online.de/daserste/report/archiv/2007/00401/

65 Kunczik / Zipfel 2005, a.a.O., S. 245 ff.

von Gesellschaft anknüpfbar sind, z.b. weil sie an bestimmte „Mythen" oder Ideologien anschließen. „Gelegenheitsstruktur" bedeutet auch, ob es Akteure gibt, die sich bereits früher zu dem Thema geäußert haben; sie werden sich dann wahrscheinlich wieder zu Wort melden. Es kann vermutet werden: Je näher das Thema an der Gesellschaft ist (Betroffenheit) und je mehr z.b. wirtschaftliche Interessen involviert sind, desto höher ist die Wahrscheinlichkeit, dass sich z.b. Politiker oder Lobbyisten zu Wort melden.[66] Unterschiede in der Wissenschaftsberichterstattung ließen sich dann als Ergebnis unterschiedlicher kultureller *Resonanzfähigkeit* der jeweiligen Themen interpretieren.

Die Medien konstituieren somit ihre eigene Realität; wer diesen Umstand anerkennt, der sieht, dass die Medien offenbar ebenfalls Wissen produzieren, „zumindest im Sinn der eigenständigen Darstellung von Realität" und für das von ihnen adressierte Publikum. Zu dieser medial vermittelten Realität gehören unter anderem auch die Wissenschaft und deren Realitätsbeschreibung. Es ist deshalb kein Zufall, dass es genau in diesem Bereich zu schärfster Konkurrenz kommt und zum Konflikt über die Angemessenheit der Darstellung. In dem hierarchischen zweistufigen Popularisierungsmodell liegt die Entscheidung über die Angemessenheit der Darstellung von Wissenschaft bei dieser selbst. In dem Maße, wie die Medien an Bedeutung gewinnen und die Eigenständigkeit ihrer Verarbeitungsweisen und ihrer Wirkung erfahren wird, verliert die Wissenschaft das Monopol dieser Beurteilungskompetenz. Das abstrakte Wahrheitskriterium der Wissenschaft gilt nicht mehr *allein*, sondern ihm stellen die Medien das Kriterium der Zustimmung des öffentlichen Publikums gegenüber." [67]

4.8   Die unterschiedlichen Rationalitäten von Wissenschaft und Medien

Die Realitätsbeschreibung durch die Wissenschaft ist nicht die der Medien. Dies entspricht den unterschiedlichen Rationalitäten dieser beiden Welten. Daraus ergibt sich eine völlig neue Herausforderung für die Kommunikation von Wissenschaft. Sie muss die Rationalitäten der Medien mitdenken oder von Medienmachern mitdenken lassen, die in der Lage sind, beide Welten kompetent miteinander zu verbinden, also über die erforderliche wissenschaftliche Expertise verfügen und diese kompetent in medientaugliche Formate umsetzen. Dazu gehören ästhetische Kompetenz, eine je nach Nutzergruppe geeignete sprachliche

---

66 Schäfer 2007, a.a.O., S. 192.

67 Weingart / Carrier / Krahn 2007, a.a.O., S. 239.

und narrative Beweglichkeit (complexity on demand) und die dramaturgische Fähigkeit, Rezipienten (vor allem Zuschauer) über die ganze Distanz der Darstellung zu binden, wenn möglich, auch zu fesseln, also emotional zu erreichen.

Vor dem Hintergrund der vielfältigen medialen Endgeräte (Fernseher, PC, Handy, iPhone usw.) und der daraus erwachsenen differenzierten Erwartungshaltungen der Nutzer können die erforderlichen medialen Dienstleistungen nicht alle von einem „Journalisten-Typus" erbracht werden. Das professionelle Bedienen dieser sehr unterschiedlichen Verbreitungswege, Technologien und Rezipienten bedarf einer völlig neuen Unternehmens- und Personalstruktur von Medienhäusern für die Wissenschaftskommunikation in der digitalen Realität. Hinzu kommt, dass zu den diversifizierten Medienkompetenzen noch wissenschaftliche Expertise hinzukommen muss, um in dieser medialen Vielfalt auch einem hohen Anspruch auf „wissenschaftliche Seriosität" der Informationen gerecht werden zu können.

Wie bereits dargestellt, haben sich renommierte Institute und Hochschulen in vielfältiger Weise geöffnet und beteiligen sich selbst an Forschungs- und Entwicklungsprojekten, wie etwa der *Climate Media Factory*, in deren Fokus alle bedeutenden Zielgruppen der Gesellschaft stehen, nicht nur Politik, Verwaltung und vielleicht noch Unternehmen. Zu den Herausforderungen gehören aber auch neue Studienangebote, neue Geschäftsideen und –modelle für die professionelle Klimakommunikation.

4.9 Medien und ihre Wirkung auf Einstellungen und Verhalten

Das Adolf Grimme Institut stellt schon 2004 die entscheidende Frage, „wie die Ideen und Ziele nachhaltiger Entwicklung in einer komplexen – von und durch Medien interpretierten – Gesellschaft vermittelt, resonanzfähig und wirksam gemacht werden können. Denn viele für eine Meinungs- und Urteilsbildung notwendigen Informationen werden immer weniger aus direkter Beobachtung gewonnen, sondern durch die Medien vermittelt… Insofern dienen Medien mittlerweile als Wahrnehmungsorgan der Gesellschaft".[68]

Vor dem Hintergrund, dass menschliche Verhaltensänderungen nachhaltig erreicht werden müssen, ist es unabdingbar erforderlich, vor allem gesellschaftliche Zielgruppen zu erreichen, die noch in ihren Verhaltensweisen beeinflussbar sind.

---

68 Adolf Grimme Institut 2004, zitiert in: Jutta Gruber-Mannigel u.a., „… uuund Action!", S. 21.ff.

Dazu gehören primär Kinder und Heranwachsende. Viele Autoren verweisen darauf, dass „beeinflussende Kommunikation" die Lebensstile und Kommunikationsgewohnheiten der jeweiligen gesellschaftlichen Zielgruppen berücksichtigen muss, will sie erfolgreich sein. Darum müssen sich Kinderformate und Angebote an Jugendliche mit dem Thema Klimawandel zum Beispiel auch in Games und Apps beschäftigen. Hier spielt allerdings die vorurteilsbehaftete Abneigung vieler älterer Menschen, der sog. „digital immigrants", leider auch in Schule und Hochschule, eine äußerst negative und wenig zielführendeRolle. All diesen Lesern sei ins Stammbuch geschrieben: „Wer eine technologische Entwicklung nicht aufhalten kann, was ganz sicher für die digitalen und mobilen Anwendungen von Kommunikationstechnologien der Fall ist, muss sie gestalten helfen!"

Welche Rolle können Medien bei der Beeinflussung von Einstellungen und Verhalten spielen, insbesondere bei Kindern und Jugendlichen? Ist es möglich, durch Medien Einstellungen und Verhalten zu ändern? Die Medienwirkungsforschung verweist gerne auf die komplexen Strukturen der Sozialisierung, verkennt aber die wachsende Bedeutung der Medien und ihrer Möglichkeiten nicht:

> Grundsätzlich kann man nicht von monokausalen Wirkungen der Medien auf die Menschen ausgehen. Die Wirkungszusammenhänge sind sehr komplex. Ob eine Medienaussage wirkt, hängt von vielerlei Faktoren ab: der Art der Botschaft, ihrer Inszenierung oder Aufbereitung, dem Medium, den sozialen Umständen, den individuellen Voraussetzungen der Rezipienten und dem gesellschaftlichen und historischen Kontext. Allerdings kann man davon ausgehen, dass die Medien neben anderen Sozialisationsinstanzen, wie Familie/Elternhaus, Kindergarten/Schule, später Peer Group, eine sehr wichtige Rolle bei der Identitätsbildung und der Entwicklung des Weltverständnisses junger Menschen spielen. In der Erziehungswissenschaft gilt mittlerweile als Standard, dass Kinder und Jugendliche besonders dann wohl gedeihen, wenn sie in einem Umfeld aufwachsen, das man als Anregungsmilieu bezeichnen kann. Dazu tragen die Medien erheblich bei. Daher ist es besonders wichtig, dass gesellschaftlich relevante Themen, zum Beispiel Klima und Nachhaltigkeit, bereits früh in den Medien thematisiert werden, die Kinder und Jugendliche bevorzugt nutzen. Anhand zahlreicher Erfahrungen mit Medien in der sog. Dritten Welt ist bekannt, dass das Konzept des sog. „educationentertainments" dazu beitragen kann, dass gesellschaftlich relevante Themen in die Bevölkerung transportiert werden können. In weitgehend analphabetisierten Gesellschaften spielen Medien, wie Film, Fernsehen, Bewegtbilder und auch das Internet zunehmend eine besondere Rolle. Das gilt insbesondere dann, wenn die zu vermittelnden Werte in populäre Erzählungen, wie Fernsehserien, Filme, Comics usw. integriert werden können. Im Grunde genommen sind kleine Kinder grundsätzlich noch nicht alphabetisiert, was bedeutet, dass Bewegtbildmedien, wie Film und Fernsehen, bei ihnen einen besonderen Eindruck hinterlassen. (Lothar Mikos, Interview am 26.05.2012)[69]

---

69   Dr. habil. Lothar Mikos ist seit 1999 Professor für Fernsehwissenschaft an der Hochschule für Film und Fernsehen „Konrad Wolf" Potsdam-Babelsberg, seit 2010 ge-

Von „education-entertainment" begann man in den 80er und 90er Jahren zu sprechen, als in Indien aber auch in Kenia, Tansania, Gambia, Mexiko und auf den
Philippinen, mit Hilfe von Musik, „soap operas" und „radio soaps", gezielt Verhaltensänderungen in Bezug auf eine bewusste Familienplanung erreicht werden
sollten und nennenswerte Ergebnisse nachgewiesen wurden.

> Entertainment-education is the process of purposely designing and implementing
> a media message both to entertain and educate, in order to increase audience mem-
> bers´ knowledge about an educational issue, create favorable attitudes and change
> overt behavior. Entertainment–education seeks to capitalize on the appeal of popu-
> lar media to show individuals how they can live safer, healthier and happier.[70]

Education-entertainment, die Implementierung von klimarelevanten Erkenntnissen und nachhaltigen Verhaltensweisen in die Kinder- und Jugendunterhal-
tung, ist ein wichtiger Weg, um Verhaltensänderungen in den Gesellschaften zu
erreichen. Sicher ist dieses Instrument nicht allein lösungsrelevant, da die Wirkung erst in 1-2 Generationen spürbar wird, aber sie ist als langfristige Strategie
von großer Bedeutung.

5 Kommunikation zwischen Klimawissenschaft und Exekutive

Die Klimawissenschaft hat bis heute vor allem Politik und Verwaltung im Fokus
ihrer Kommunikation, was natürlich auch Sinn macht. Am Beispiel des Weltklimarates IPCC möchte ich Chancen und Probleme der Kommunikation zwischen
Klimawissenschaft und der Exekutive (Regierung/Verwaltung) deutlich machen.

---

schäftsführender Direktor des Erich-Pommer-Instituts gGmbH für Medienrecht,
Medienwirtschaft und Medienforschung und seit 2009 Chair der Television Studies
Section der European Communication Research and Education Association (ECREA).

70 hierzu auch: Arvind Singhal, Everett M. Rogers: Entertainment-Education, A Communication Strategy for Social Change, S. 9

5.1   Der Weltklimarat IPCC

In der Konstruktion und in der Arbeitsweise des Weltklimarates IPCC spiegelt sich die Komplexität der Klimaproblematik institutionell wider, und zwar hinsichtlich der Exaktheit der Erkenntnisse als auch hinsichtlich politischer Handlungsfolgen auf globaler Ebene. Ein anderer Ansatz der Betrachtung bezieht sich auf die Rolle von *Nichtregierungsorganisationen,* die sich für eine Klimapolitik engagieren. Der *Intergovernmental Panel on Climate Change IPCC* – in Deutschland auch oft als „Weltklimarat" bezeichnet – ist die Organisation, auf welche die Hoffnungen sehr vieler Klima-Experten gerichtet sind.

„Formal ist das IPCC als eine Hybrid- oder Grenzorganisation zwischen Wissenschaft und Politik einzustufen mit der Aufgabe,

1. den Stand des Wissens in Klimaforschung und in Bezug auf die (ökologischen und sozialen) Folgen des Klimawandels und mögliche Anpassungs- und Bewältigungsstrategien gegenüber dem Klimawandel verbindlich zusammenzufassen,
2. daraus (in einem getrennten Prozess) in den Plenarsitzungen der Arbeitsgruppen und des IPCC-Gesamtplenums mit dem Plazet der von den Regierungen entsandten Vertreter in einem ‚Summary of Policymakers' politikrelevante Informationen Wort für Wort zu destillieren und
3. in diesem Kontext auch politikrelevante Schlussfolgerungen zu ziehen."[71]

Das IPCC wurde 1988 von der Weltorganisation für Meteorologie (WMO) in Kooperation mit dem Umweltprogramm der Vereinten Nationen (UNEP) auf Basis eines formellen Antrags der Generalversammlung der Vereinten Nationen ins Leben gerufen. Die Stellungnahmen des IPCC können mittlerweile als maßgebliche Darstellungen des wissenschaftlichen Wissens über den Klimawandel angesehen werden.

Natürlich ist das IPCC Gegenstand sozialwissenschaftlicher Analyse, die sich vor allem um eine Bewertung ihrer Funktionsweise dreht.[72] Offensichtlich ist es dem IPCC gelungen, politische Interventionen abzublocken und die Kontrolle

---

71   Jobst Conrad: Sozialwissenschaftliche Analyse von Klimaforschung, -diskurs und – politik am Beispiel des IPCC. In: Voss (Hrsg.) 2010, a.a.O., S. 101 – 115, S. 102.

72   Untersucht werden insbesondere:
    1. Die Angemessenheit des Konzepts der Grenzorganisation, um die Rolle und Eigenschaften solcher Hybridorganisationen zu erklären und die Interaktion, Konflikte und Kompromissbildung der bestehenden wissenschaftlichen und politischen (und ökonomischen) Perspektiven, Ziele und Interessen zu analysieren,

über seine Arbeit und Ergebnisse innerhalb einer noch sehr heterogenen Gemeinschaft der Klimaforscher zu behalten. Die Legitimität wuchs, die bloße Instrumentalisierung der Resultate wurde vermieden, der Einfluss auf die Akteure nahm zu. In gewisser Hinsicht ist das IPCC damit ein Gegenbeispiel für die häufig vertretene Ansicht, dass sich die Grenzen zwischen Wissenschaft und Politik auflösen und alles nur noch dem wirtschaftlichen Nutzen dient. „Das IPCC-Modell zeichnet sich aus der Perspektive vieler Beobachter dadurch aus, dass es über den geeigneten Mechanismus verfügt, um die Expertise der wissenschaftlichen Gemeinschaften zu mobilisieren und die wissenschaftliche Gemeinschaft in den Prozess der Politikberatung einzubeziehen. Auf diese Weise ist es dem IPCC gelungen, die Kluft zwischen Wissenschaft und Politik zu überbrücken und das wissenschaftlich glaubwürdige Fundament für die internationale Politik zu liefern."[73]

Um politisch und wissenschaftlich voranzukommen, verfolgte der Weltklimarat IPCC eine so genannte Politik der Inklusion, d.h. das Hinzuziehen nationaler Experten und eine hohe Priorität für Transparenz der Methoden und der Beschlussfassung. Der Weltklimarat ist eine bemerkenswert komplexe Konstruktion; auch darum sind unmittelbare Wirkungen auf die internationale Politik nicht nachweisbar. Die Aussagen des IPCC werden also nicht linear in Politik umgesetzt. Silke Beck spricht dem Weltklimarat eine *heuristische* Funktion zu, d.h. gemäß eines solchen Ansatzes nähert man sich durch Analogien, Hypothesen, Modellen und Gedankenexperimenten der Erkenntnis eines Sachverhalts an.

---

2. Wege, Möglichkeiten und Implikationen, wissenschaftlichen Konsens zu organisieren, zu gestalten und zu erreichen,

3. Die Realisierbarkeit von Selbstbestimmung, Eigenregulierung (self-governance) und Peer review in wissenschaftspolitischen Beratungsorganen und Berichten,

4. Den direkten und indirekten (strukturellen) Einfluss nichtwissenschaftlicher (politischer Interessen), Konzepte und Politiken auf solche Beratungsorgane und

5. Die subtilen langfristigen Impacts und Folgewirkungen wissenschaftlicher Assessments und der Veränderungen im Interaktionsmuster von Wissenschaft und Politik – unter Einschluss grundlegender Entwicklungstendenzen sie einer zunehmenden Verwissenschaftlichung der Gesellschaft, einer wachsenden (Re)Orientierung der Wissenschaft in Richtung auf problemorientierte Forschung und korrespondierende Finalisierung, oder einer vermehrten Ausrichtung wissenschaftlicher Forschung hin zu einer paradigmatischen epistischen Kultur der Simulation." (Conrad 2010, a.a.O., S. 104)

73 Silke Beck: Das Klimaexperiment und der IPCC. Schnittstellen zwischen Wissenschaft und Politik in den internationalen Beziehungen. Marburg 2009 (Metropolis-Verlag), S. 16.

In diesem Sinne habe der Weltklimarat Resonanz in Politik und Öffentlichkeit erzeugt.[74]

5.2   Die Arbeitsweise des IPCC und seine Kritiker

Das IPCC besteht aus drei Arbeitsgruppen, die mit Wissenschaftlern aus recht unterschiedlichen Disziplinen und Forschungsfeldern besetzt sind. Nach Conrad resultiert aus dieser Heterogenität oft eine mangelnde Kommunikationsfähigkeit.[75] Nach Prof. Dr. Jürgen Kropp vom PIK wird dem Dialog dagegen sehr viel Zeit gewidmet. Man kann die Konstruktion als Wissenspyramide begreifen, mit der Arbeitsgruppe 1 an der Spitze. Diese untersucht die wissenschaftlichen Aspekte des Klimasystems und des Klimawandels. Es handelt sich um die „Kerngruppe der Modellierer" bestehend aus Physikern, Metereologen, Hydrologen, Ozeanografen usw., die eine konzeptionelle Hegemonie etabliert hat. In der Arbeitsgruppe 1 werden globale Zirkulationsmodelle entwickelt, die auf rein physikalisch messbaren Variablen und gemessenen oder geschätzten Parametern beruhen. Arbeitsgruppe 2 befasst sich mit den Auswirkungen des Klimawandels und den notwendigen Anpassungsmaßnahmen. Hier arbeiten besonders Ökonomen und Ökologen zusammen. Arbeitsgemeinschaft 3 ist zuständig für die Verminderung des Klimawandels und wird von Ökonomen dominiert. Es ist hervorzuheben, dass allein die *atmosphärenwissenschaftlichen* Einschätzungen des IPCC als glaubwürdig und politisch relevant wahrgenommen werden; zu den volkswirtschaftlichen Folgen gibt es zwar valide Daten, aber die sog. Impact-Forschung leidet unter divergierenden Einschätzungen oder ganz einfach unter unterschiedlichen Interessen.

Es ist damit nur zu deutlich, dass die Funktion des IPCC, den Stand der (naturwissenschaftlichen) Forschung abzuschätzen, unvermeidlich eine politische Qualität hat. Der Umstand, dass Gegner der entsprechenden Positionen versuchen, das wissenschaftliche Fundament anzugreifen, kann als Kehrseite der Verwissenschaftlichung von politischen Kontroversen oder als enge Koppelung zwischen Wissenschaft und Politik begriffen werden.[76] Es wird also eine politische Diskussion mit Hilfe von wissenschaftlichen Definitionen und Begründungen geführt, was allerdings auch eine Politisierung der wissenschaftlichen Kontroverse bedeutet.

---

74 Beck 2009, a.a.O., S. 184.
75 So Conrad 2010, a.a.O., S. 103.
76 Beck 2009, a.a.O., S. 118 f.

Grundmann und Stehr stehen dem IPCC kritisch gegenüber und thematisieren ausführlich die Formalisierung und Komplexität der IPCC-Aktivitäten.[77] Das Gremium legt Berichte vor, die unterschiedliche Niveaus der Akzeptanz und Legitimation haben. Es gibt Berichte, die durch die Arbeitsgruppen gebilligt werden; Berichte, die von der Arbeitsgruppe und vom Rat angenommen werden und sog. Syntheseberichte, die vom Rat angenommen werden. Die Vollversammlungen der Arbeitsgruppen werden von Wissenschaftlern dominiert, die von den Regierungen ernannt werden. Die Autoren werfen dem Gremium vor, Wissen für die Praxis aber nicht praktisches Wissen produziert zu haben. Die Konvertierung von Wissen in Politik (sozusagen eine „Umformatierung") ist bisher nicht gelungen. Es ist unwahrscheinlich, dass auf Konsens beruhendes wissenschaftliches Wissen zu einer Form von Glaubwürdigkeit in der Öffentlichkeit führt, die schließlich ein politisches Handeln zur Folge hat. Eher sind es engagierte Laien, welche die Glaubwürdigkeit begründen (werden). Und hier spielen die Massenmedien bei der Meinungsbildung eine wichtige Rolle. Sie bestimmen wesentlich den sog. *Frame* der Debatte, nämlich die Problemdefinition, die Ursachenzuschreibung, die Lösungsmöglichkeiten und die Schuldzuschreibung.[78] Im Endeffekt muss festgehalten werden, dass die Strategie fehlgeschlagen ist, wonach man bloß in wissenschaftliche Forschung investieren muss, um eine politische Lösung für den Klimawandel zu erreichen. Die Strategie beruht auf der Annahme, dass wahres Wissen die Politik informiert und dass dies auf internationaler Ebene geschehen muss. Der Klimawandel ist ein globales Problem, aber es ist nicht klar, wie eine globale Lösung in Ermangelung funktionierender globaler Governance-Strukturen funktionieren könnte. (...) Der Schwerpunkt des Klimadiskurses lag bisher auf der Ebene der geophysikalischen Forschung. (...) (Erforderlich sind aber) die Einbeziehung von Ingenieuren, politischen Entscheidungsträgern, Sozialwissenschaftlern und der Zivilgesellschaft. Die Ansicht, ein Konsens unter Klimawissenschaftlern könne die Lösung für die Klimapolitik bieten, ist spektakulär gescheitert."[79]

Die zentrale Rolle des IPCC bei der Vorgabe der politischen Richtung kann nicht geleugnet werden. Allerdings kann ein Paradoxon nicht übersehen werden: Es wird nicht gelingen, Entscheidungsträger davon zu überzeugen, „irgendwie mutiger" zu sein und das Wirtschaftswachstum als Erzeuger der Emissionen

---

77 Reiner Grundmann / Nico Stehr: Die Macht der Erkenntnis. Berlin (Suhrkamp), S. 180 – 185.

78 Grundmann / Stehr 2011. a.a.O., S. 212.

79 Grundmann / Stehr 2011, a.a.O., S. 240 f.

hintan zu stellen. Die einzig realistische Orientierung scheint in der langfristigen Umstrukturierung von Wirtschaft und Gesellschaft zu liegen.[80]

Seit zwei Jahrzehnten werden die interessierten NGOs in die Verhandlungen einbezogen; inzwischen sind ca. 130 Organisationen registriert. Allerdings kennt das Engagement bestimmte Konjunkturen; so ebbte das Interesse mit dem Kyoto-Protokoll 1997 ab und es zogen sich vor allem Entwicklungshilfe-Organisationen aus Nord und Süd zurück, um sich (wieder) verstärkt der „klassischen" Armuts-thematik zuzuwenden. Barbara Unmüßig von der Heinrich Böll-Stiftung stellt fest, dass die erstarkende globalisierungskritische Bewegung kaum die globalen ökologischen Herausforderungen thematisiert.[81] Erst der Kopenhagener Klima-gipfel von 2009 war ein erneuter Anlass für eine Massenmobilisierung. Es traten neue zivilgesellschaftliche Akteure auf, die Klimagerechtigkeit und die Bekämp-fung der Armut einforderten. Allerdings sind diese vielzähligen Netzwerke aus finanziellen Gründen unterschiedlich organisations- und konfliktfähig und von Interessendivergenzen geprägt: Nord gegen Süd, globale gegen lokale Ansätze, Umwelt- gegen Entwicklungsziele, ordnungspolitische Überlegungen usw. Hinzu kommt bei zunehmender Professionalisierung eine tendenzielle Entfernung von der „Basis".

Es ist darum ein Irrtum anzunehmen, dass die Konfliktlinien allein zwischen „zivilen" und „staatlichen" Akteuren verlaufen würden; gerade die internationa-len Klimaverhandlungen zeigen gut, dass die geografischen, positionellen und ideologischen Interessengegensätze zwischen zivilgesellschaftlichen Klimaakteu-ren groß sind. „Eine internationale und Organisationen übergreifende Strategie-debatte gibt es nicht. Es gibt keinen Akteur, der eine solche Debatte organisieren würde. Es gibt eben nicht das *eine* strategische Zentrum für *die* Zivilgesellschaft und ein solches wird es auch nie geben."[82]

Unmüßig problematisiert auch ihre demokratische Legitimation und schluss-folgert: „Bei aller Gemeinsamkeit, die Welt retten zu wollen, bleiben NGOs also immer ein bunter Haufen, der sich nur zäh und sporadisch auf gemeinsame Bot-schaften einigen kann. (...) Die Fragmentierung und Differenzierung des zivilge-sellschaftlichen Engagements im Klimakontext ist größer denn je."[83]

---

80   Grundmann / Stehr 2011, a.a.O., S. 238.

81   Barbara Unmüßig: NGOs in der Klimakrise, Fragmentierungsprozesse, Konfliktlinien und strategische Ansätze. In: Achim Brunnengräber (Hrsg.): Zivilisierung des Klimare-gimes. NGOs und soziale Bewegungen in der nationalen, europäischen und internatio-nalen Klimapolitik. Wiesbaden 2001 (Verlag für Sozialwissenschaften), S. 45 – 57, S. 47 f.

82   Unmüßig 2011, a.a.O., S. 46

83   Unmüßig 2011, a.a.O., S. 56.

Der Weltklimarat als Hybrid- oder Grenzorganisation und die Struktur der NGOs reflektieren spezifische Probleme an der Schnittstelle von Wissenschaft und Interessen.

6 Der Klima-Diskurs und die Problemwahrnehmung

Die so genannte *Klimakatastrophe*, ihr Ob und Wann, wird seit vielen Jahren diskutiert. Der entsprechende Diskurs vollzieht sich in unterschiedlichen Bereichen der Gesellschaft und durchläuft nachweisbare Konjunkturen der Intensität und Aufmerksamkeit. Es ist für die Analyse entscheidend, zwischen den *verschiedenen Diskursbereichen* zu unterscheiden. Weingart und andere gehen wohl zu Recht davon aus, „dass in der Kommunikation über das Phänomen eines anthropogenen Klimawandels mit seinen vielfältigen politisch-sozialen Implikationen grundverschiedene Beobachtungsperspektiven, unterschiedliche Rationalitäten und unterschiedliche Geltungsansprüche aufeinander treffen und miteinander konkurrieren." [84] Zu beobachten sind also die unterschiedlichen Diskurse über Klimawandel in Wissenschaft, Medien und Politik.

Weingart und andere haben diesen Diskurs zwischen Wissenschaft, Massenmedien und Politik bis in die 90er Jahre untersucht. Damals schien es noch möglich zu sein, dass sich Klimaskeptiker – d.h. Publizisten, welche die Hypothese von einem anthropogenen Klimawandel ablehnen und die Glaubwürdigkeit der Klimaforschung in Frage stellen, mit ihren Thesen Gehör in Wissenschaft und Politik verschaffen können. Inzwischen wird jedoch die Gewissheit des Klimawandels im wissenschaftlichen und politischen, aber ganz überwiegend auch im massenmedialen Diskurs von vorneherein unterstellt, d.h. sie muss nicht mehr medial hergestellt werden. Es hat eine „diskursive Schließung" stattgefunden.[85] „Es ist wichtig festzuhalten, dass mit der Katastrophenwarnung von 1986 der öffentlich geäußerte Zweifel an der Richtigkeit der These vom anthropogenen Klimawandel aus dem politischen Diskurs faktisch ausgeschlossen ist."[86]

---

84 Peter Weingart / Anita Engels / Petra Pansegrau: Von der Hypothese zur Katastrophe. Der antropogene Klimawandel im Diskurs zwischen Wissenschaft, Politik und Massenmedien. Opladen & Farmington Hills 2008 (Verlag Barbara Budrich), S. 33. J. Kropp vom PIK schätzt den Konsens in der Forschung auf 90 %, in den Medien auf nur 50 % und in der Politik als schwankend ein.

85 Eine kritische Ausnahme in der Literatur ist Daniel Lenz: Klimafaktor Mensch. Welche Rolle spielt der Mensch wirklich beim Klimawandel? Ohne Ort 2011 (novum pro).

86 Weingart / Engels / Pansegrau 2008, a.a.O., S. 85.

Innerhalb der *Wissenschaft* lassen sich verschiedene Phasen der Befassung und der Vermittlung identifizieren. In der ersten Phase (nach Weingart 1975 – 1985) wurde noch diskutiert, ob es einen Klimawandel gibt, der von Menschen verursacht wird. In der zweiten Phase (1986 – 1990) wurde dies als gesichert angenommen; man sprach von der „Klimakatastrophe". Die dritte Phase (1991 – 1995) schließlich war die Zeit der neu gegründeten Institute und Beiräte.

Die *Massenmedien* nun nehmen die Entwicklungen auf und bearbeiten sie gemäß ihren eigenen Interessen, wobei sie, wie später dargestellt, durchaus beeinflussbar bleiben (Agenda-Building). Hypothesen werden zu Gewissheiten, der Druck auf die Politik steigt. Die Medien erfüllen die Funktion eines Resonanzverstärkers, sie übersetzen ein abstraktes Phänomen in konkrete Alltagserfahrung (Naturkatastrophen werden als Vorboten des Klimawandels beschrieben, lokale Bezüge dargestellt). Das Thema wurde institutionell mit der *Politik* verkoppelt. Die Umweltbewegung begriff das Klimathema als Querschnittsaufgabe der Umweltpolitik mit Folgen für alle Politikfelder. Auch hier können unterschiedliche Phasen benannt werden, die mit denjenigen der Wissenschaft korrespondieren: Skepsis und Abwehr, Katastrophismus, Überführung des Klimaproblems in einen Gegenstand politischer Regulierung.

Der wissenschaftliche Diskurs, welcher in den ISI Fach-Journalen stattfindet, wird durch den IPCC zu Berichten zusammengefasst. Demnach gehen die Experten des IPCC davon aus, dass der anthropogene Klimawandel keine abstrakte Zukunft mehr ist, sondern bereits eingesetzt hat und mit vorhandenen Methoden auch bereits nachgewiesen werden kann. Die Berichterstattung in den Medien hat im neuen Jahrtausend einmal mehr zugenommen. Dies ist das Ergebnis von Wetterereignissen wie Wirbelstürmen, heißen Sommern, Überschwemmungen, der Diskussion um das Kyoto-Protokoll, der Weltklimakonferenz, der Berichte des IPCC, aber auch Folge konkreter Politiken wie dem Emissionshandel. Dabei scheint die Rede von einer bevorstehenden Katastrophe in den Medien einer differenzierteren Betrachtungsweise gewichen zu sein.

Die Massenmedien unterliegen dabei einer eigenen Rationalität. Komplexitäten und Ungewissheiten müssen aus Gründen der Darstellbarkeit in einfache Kausalzusammenhänge übersetzt werden. Die Selektion der Informationen richtet sich an ein anderes Publikum als etwa die Wissenschaft. Wie Fritz Reußwig vom Potsdam-Institut für Klimafolgenforschung (PIK) feststellt, hat der Klimawandel eine *Doppelnatur*, nämlich als messbares Phänomen *und* als soziale Konstruktion.[87] Im Ergebnis kann zwischen einem alten und einem neuen Klimadiskurs

---

87   Fritz Reußwig: Klimawandel und Gesellschaft. Vom Katastrophen- zum Gestaltungsdiskurs im Horizont der postkarbonen Gesellschaft. In: Voss 2010, a.a.O., S. 75 – 97.

unterschieden werden; man erkennt im Denkmodell von Reusswig in der rechten Spalte stärker sozialwissenschaftliche (policy-orientierte) Fragestellungen.

Tabelle 2 Alter und neuer Klimadiskurs nach Reusswig

Dimension	Alter Klimadiskurs	Neuer Klimadiskurs
Rahmen	Erdsystemanalyse	Entscheidungsunter-Stützung
Kernfragen	Gibt es (anthropogenen) Klimawandel? Wie sicher ist das? Wann und wie werden natürliche und soziale Systeme betroffen sein?	Was ist gefährlicher Klimawandel? Wie kann eine kosteneffiziente und gerechte Stabilisierung des Klimasystems erreicht werden? Wer muss was tun oder zahlen?
Risikofokus	Impaktrisiken	Handlungsrisiken
Hauptakteure	Naturwissenschaften, Umweltbewegung, Umweltpolitik, Massenmedien.	Transdisziplinäre Wissenschaft, Politik allgemein, Teile des Unternehmenssektors, Umweltbewegung, kritische Öffentlichkeit, Massenmedien
Hauptkonflikte	Katastrophismus versus Skeptizismus, Minderung versus Anpassung, Werte versus Tatsachen.	Gewinner versus Verlierer, Kosten-Nutzen-Analyse versus Portfoliomanagement, optimaler Mix, Mitigation, / Anpassung, explizite Wertkonflikte.
Leitwissenschaften	Physik, Meteorologie, andere Naturwissenschaften (s. IPCC Working Group I)	Ökonomie, integrierte Modelle, andere Sozialwissenschaften (s. IPCC Working Group III)

(Quelle: Reusswig 2010, a.a.O., S. 82.)

Die von Reusswig vorgeschlagene Unterscheidung bedeutet nicht, dass es keine Erdsystemanalyse mehr gäbe, sondern argumentiert mit der Verlagerung der Diskussion. Die von ihm festgestellte Doppelnatur des Klimadiskurses scheint ein sehr fruchtbarer Denkansatz zu sein, denn er problematisiert den Zusammenhang – oder vielmehr die Diskrepanz! – zwischen Messbarkeit und Politik. Aus der Erkenntnis folgt eben *nicht* notwendig ein Handeln. Insofern ist die „Macht der Erkenntnis" begrenzt.[88]

Der Klimawandel ist damit nicht nur eine Frage des objektiven wissenschaftlichen Nachweises, sondern auch eine Frage der *Wahrnehmung.* Dies ist einer der Aspekte einer sozialen Konstruktion. Wie rückt er in das individuelle Bewusstsein und welche Handlungsfolgen sind daraus zu erwarten? Ist eine Bereitschaft zur Veränderung gesellschaftlicher Lebensweisen gegeben? Die Befassung der Psychologie mit der Umwelt ist zu einem neuen Spezialgebiet angewachsen. Es geht um die seelische Befindlichkeit im Zusammenhang mit der Stadtstruktur, der Landschaft, Lärm und Dreck, aber eben auch um Umweltwissen und die subjektive Bewertung der Umwelt und die Wahrnehmung von Umweltrisiken.[89]

Unter den Bereich der Wahrnehmung fallen zunächst zwei Aspekte: Die beobachtbare Naturveränderung sowie der gesellschaftliche Klimadiskurs. Mit der Dissertation von Melanie Weber liegen hierzu empirische Ergebnisse vor, die allerdings wesentlich auf Vorgängerstudien basieren.[90] Die Autorin kommt zu dem Ergebnis, dass die Menschen den Klimawandel nicht als reales, sondern vor allem als *konstruiertes* Umweltproblem wahrnehmen. Dies bedeutet, dass Laien die komplexe Problematik sowie die Forschungsergebnisse und Argumente der Wissenschaft sowieso nicht verstehen und ihre Meinungsbildung auf medial gefilterten Darstellungen beruht. Der Wissensbestand zum anthropogenen Klimawandel resultiert in erster Linie aus den Medien; damit zusammenhängend wird die Wahrnehmung ungewöhnlicher Wetterereignisse als Hinweis auf den stattfindenden Klimawandel gedeutet. Wetter ist aber nicht Klima. Es handelt sich also um eine Kombination aus medial konstruierter Problemvermittlung und direkter Wetterwahrnehmung.[91]

Es mag stimmen, dass Zweifel an der Richtigkeit der These vom anthropogenen Klimawandel im wissenschaftlichen, politischen und auch im öffentlichen Diskurs faktisch ausgeschlossen sind, in der medialen Darstellung und deren Wahrnehmung bleiben die Lügenszenarien der Klimaskeptiker – wie beschrieben – dennoch eine reale Bedrohung.

---

88 Reiner Grundmann / Nico Stehr: Die Macht der Erkenntnis. Berlin 2011 (suhrkamp).

89 Ernst-Dieter Lantermann / Volker Linneweber (Hrsg.): Enzyklopädie der Psychologie. Grundlagen, Paradigmen und Methoden der Umweltpsychologie. Göttingen 2008 (Hogrefe); Andreas Homburg / Ellen Matthies: Umweltpsychologie. Umweltkrise, Gesellschaft und Individuum. Weinheim / München 1998 (Juventa-Verlag); Rudolf Miller: Umweltpsychologie. Eine Einführung. Stuttgart usw. 1998 (Kohlhammer).

90 Melanie Weber: Alltagsbilder des Klimawandels. Zum Klimabewusstsein in Deutschland. Wiesbaden 2008 (Verlag für Sozialwissenschaften).

91 Weber 2008, a.a.O., S. 224.

Das kollektive Dilemma der fehlenden direkten Betroffenheit

Man sollte nun glauben, dass sozio-demographische Unterschiede für die Wahrnehmung des Klimawandels unwesentlich sind, weil ja alle Gruppen gleichermaßen betroffen werden. Dies ist nun keineswegs der Fall. Frauen, Ältere, höher Gebildete und Westdeutsche sind signifikant stärker davon überzeugt, dass es zu Klimaveränderungen kommt. Ergänzend zeigen die Studien, dass die negativen Folgen des Klimawandels vor allem in den Entwicklungsländern gesehen werden, also woanders. Was ebenfalls nachdenklich stimmt ist der Umstand, dass viele Befragte die Ursachen des Klimawandels in der industriellen, nicht-nachhaltigen Produktionsweise westlicher Industrieländer sehen – also von Ländern, deren wirtschaftlicher, politischer und kultureller Teil sie selber sind.[92] Das führt zu der Frage, welchem Kosten-Nutzen-Kalkül sich der Einzelne in der Gesellschaft unterwirft. Und hier gibt es starke Anzeichen dafür, dass als individuelles Handlungshemmnis vor allem die Kosten für Umwelt- und Klimaschutz sowie die Bequemlichkeit und Annehmlichkeiten des derzeitigen Lebensstils gelten können.

Dennoch gibt es eine „Verhaltensabsicht", die stärker auf emotionalen Faktoren als auf konkretem Wissen beruht. *Für das Problembewusstsein bezüglich des Klimawandels ist allgemeines Umweltbewusstsein viel wichtiger als spezielles Klimawissen.* Hier kann ein Zusammenhang zwischen höherer Bildung, Handlungsbereitschaft und Handlungswirksamkeitsüberzeugung nachgewiesen werden. Es entsteht die „merkwürdige" Situation: Der Wissensbestand erhöht die Handlungsintention, aber nicht das Klimabewusstsein.[93]

Als letzte Beobachtung ist ein kollektives Dilemma festzuhalten. Aufgrund der Einstellung, dass sich eigene Klimaschutzanstrengungen nicht lohnen, da andere sich nicht ebenso verhalten, ist es aus Sicht Einzelner rational (was häufig mit Kosten sparen gleichzusetzen ist), sich nicht klimaschützend zu verhalten. Individuen verhalten sich rational klimafeindlich, weil sie glauben, dass sich individuelles Klimahandeln nicht lohnt und sie selbst das Problem nicht lösen können, solange andere nicht mitmachen.[94]

Der Klimawandel ist für die meisten Deutschen ein wichtiges Umweltproblem. Aber zunächst werden die direkten Folgen für die Natur, die nächsten Generationen und die Entwicklungsländer gesehen. Für viele Menschen ist der Klimawandel zeitlich und räumlich noch zu weit weg, um ein direktes Betroffenheitsgefühl

---

92 Weber 2008, a.a.O., S. 227.
93 Weber 2008, a.a.O., S. 232.
94 Weber 2008, a.a.O., S. 232.

auszulösen. Die Laienbevölkerung nimmt den Klimawandel durch den Filter der Medien wahr.[95]

Der Klima-Diskurs und die Problemwahrnehmung haben einen nicht unwichtigen Aspekt, der sich auf Fragen der *Gerechtigkeit* bezieht. Im Zusammenhang mit der Klimaproblematik wird Gerechtigkeit vor allem auf das Nord-Süd-Verhältnis bezogen.[96] Häufig ist der Begriff der Gerechtigkeit mit dem der Verteilung oder Umverteilung verbunden. Wenn man dann noch den ökologischen Denkansatz der Nachhaltigkeit hinzufügt, ist man auf internationaler Ebene schnell bei der Forderung nach einer *Gerechtigkeitsgemeinschaft* angekommen: Wir haben nur die eine Welt und müssen sie uns solidarisch teilen.

Die Positionen des Verbandes Entwicklungspolitik deutscher Nichtregierungsorganisationen VENRO mögen hier als Beispiel dienen.[97] Beim Klimaschutz wie auch bei der Armutsbekämpfung geht es um die gerechte Teilhabe aller Menschen an den natürlichen Grundlagen der Welt. Der Verband übernimmt vorbehaltlos die Prognosen des Weltklimarates IPCC; er sieht die Hauptverantwortung bei den Industrieländern des Nordens und sieht auch die Schwellenländer in der Pflicht. Dem entspricht die Forderung nach mehr politischer Einflussnahme des Südens auf die politischen Entscheidungsprozesse. Über das Thema Klimawandel begibt man sich bald in andere Politikbereiche und auch bereits bekannte Projektideen.

- *Ernährungssicherung im Klimawandel.* Die Agrarforschung muss unterstützt werden, Dürre-resistente Sorten für Kleinbauern zu züchten. Die (klein)bäuerliche Landwirtschaft muss nachhaltig betrieben werden, diversifiziert und standortgerecht sein. Stichworte sind Emissionsschutz, effiziente Bewässerungsmethoden, Förderung des Erfahrungsaustausches bis hin zum Schutz lokaler Märkte.

---

95 Weber 2008, a.a.O., S. 235.

96 Aber auch eine Geschlechterperspektive ist möglich, wenn auch in der Literatur eine Ausnahme. Siehe hierzu Vanessa Aufenanger: Geschlechtergerechtigkeit – Warum Gender bei der Betrachtung des Klimawandels und der Energiepolitik eine Rolle spielt. In: Vanessa Aufenanger / Nele Friedrichsen / Stephan Koch (Hrsg.): Gerechtigkeit und Verantwortung in der Klima- und Energiepolitik. Münster 2010 (Mansenstein), S. 39 – 48. Es geht dabei um Repräsentation, Partizipation und Betroffenheit, die sich aus dem sozialisierten Rollenverständnis erschließen.

97 VENRO: Anforderungen an eine gerechte und nachhaltige Klimapolitik. Positionspapier 5/2009 zu den Folgen des Klimawandels aus entwicklungspolitischer Sicht. Bonn 2009.

- *Technologiekooperation und Reform des Patentrechts.* Dieser spezifische Aspekt ist wichtig, weil notwendige klimafreundliche Technologien aufgrund patentrechtlicher Restriktionen nicht eingesetzt werden können.
- *Förderung erneuerbarer Energien.* Hierunter fallen der Einsatz lokaler Energiequellen, aber auch die Qualifizierung entsprechender Fachkräfte.
- *Anpassungsstrategien.* Besonders betroffen vom Klimawandel werden die ärmsten Entwicklungsländer und einige Inselstaaten sein. Gefragt sind Frühwarnsysteme, Saatgutspeicher, Flutschutzgebäude, Versicherungssysteme.

Insgesamt machen aber auch diese sicher wichtigen und richtigen Forderungen des VENRO einen gewissen Eindruck von Hilflosigkeit, denkt man an ihre mediale Wahrnehmung und die Durchsetzbarkeit der Forderung nach globaler Gerechtigkeit.

7 Restriktionen und Chancen einer Anpassungsstrategie

Die Sozialwissenschaften diskutieren den Themenkomplex unter den Gesichtspunkten Diskurs, Regieren, Gerechtigkeit, Wahrnehmung und Anpassung.[98] Von besonderer Relevanz sind ebenfalls Fragestellungen, die das Verhältnis der Menschen zu ihrer Umwelt und die daraus resultierende Verantwortung betreffen. Die Sozialwissenschaften nehmen damit eine Meta-Ebene der Betrachtung ein, d.h. sie fragen nicht mehr nach dem *Ob* des Klimawandels, sondern nach der Reaktion der Teilsysteme der Gesellschaft auf diesen. Eine besonders interessante Spur scheint in das Reich der Psychologie zu führen. Umweltpsychologie ist inzwischen ein eigener Forschungsbereich geworden. Jede Sichtweise auf den Klimawandel bringt ihre eigenen Erkenntnisse und Restriktionen hervor.

Die Bundesregierung hat einen wissenschaftlichen Beirat (WBGU) eingesetzt, um globale Umweltveränderungen zu bewerten und Politikvorschläge zu machen. Die Verfasser der Ergebnisstudie plädieren für nicht weniger als einen *Gesellschaftsvertrag für eine Große Transformation.*[99] Die Konjunktur des Begriffes Transformation geht wesentlich auf die Umwandlung ehemals sozialistischer Staaten in liberal-kapitalistische Demokratien zurück.[100] Er ersetzt andere bisher

98 Martin Voss (Hrsg.): Der Klimawandel. Sozialwissenschaftliche Perspektiven. Wiesbaden 2010 (Verlag für Sozialwissenschaften)

99 Wissenschaftlicher Beirat der Bundesregierung Globale Umweltveränderungen: Welt im Wandel. Gesellschaftsvertrag für eine Große Transformation. Berlin 2011.

100 Kurt Scharr (Hrsg.): Vom euphorischen Aufbruch in die Realität des Alltags. 1989 – 2010: Zwei Jahrzehnte Transformationsforschung. Innsbruck 2012 (Univ. Press).

übliche Begriffe wie Reform oder Veränderung und meint eine gelenkte Über-führung in einen anderen Zustand, wobei das Ergebnis allerdings nicht völlig deutlich ist. Das Hauptgutachten eignet sich – jenseits aller Einschätzungsfragen die Erfolgsaussichten betreffend – dazu, die Komplexität der Aufgabe darzustel-len und gedanklich operabel zu machen. Es schlägt zehn *Maßnahmenbündel* vor. Man achte darauf, dass der Aspekt der Beteiligung an erster Stelle genannt wird; dies fügt sich ein in die in der Literatur vertretene Ansicht, dass es mit wissen-schaftlicher Erkenntnis allein nicht getan ist, sondern engagierte Laien die Idee des Umweltschutzes bzw. den Kampf gegen den Klimawandel vorantragen müs-sen.

- Den gestaltenden Staat mit erweiterten Partizipationsmöglichkeiten ausbauen.
- CO_2-Bepreisung global voranbringen.
- Europäisierung der Energiepolitik ausweiten und vertiefen.
- Ausbau erneuerbarer Energien durch Einspeisungsvergütungen international beschleunigen.
- Nachhaltige Energiedienstleistungen in Entwicklungs- und Schwellenländern fördern.
- Rasante Urbanisierung nachhaltig gestalten.
- Klimaverträgliche Landnutzung voranbringen.
- Investitionen in klimaverträgliche Zukunft unterstützen und beschleunigen.
- Internationale Klima- und Energiepolitik stärken.
- Internationale Kooperationsrevolution vorantreiben.

Tabelle 3 Beispielhafter Policy-Mix für die Transformation zu einer klimaverträglichen Gesellschaft nach dem WBGU (S. 195)

	Ordnungsrechtliche Instrumente	Anreizinstrumente	Staat als Investor	Informatorische Instrumente
Innovations-Förderung	– Technologie- und Effizienzstandards (z.B. für Fahrzeuge, Gebäude, langlebige Konsumgüter) – Produktionsstandards – Nachhaltigkeitsstandards in der Landnutzung – Staatliche Beschaffungspolitik – Regulierung der Kapitalmärkte – Verbote (z.B. bestimmter Landnutzungen oder Produkte, etwa F-Gase) – Gebote (z.B. Quoten für Bioenergie) – Patentrecht	– CO_2-Steuer – CO_2-Zertifikate – Staatliche Förderung von Forschung und Entwicklung – Staatliche Beteiligung an Risikokapital – Staatliche Bereitstellung günstiger Kredite und Übernahme von Kreditgarantien – Steuerliche Innovationsanreize – Förderung neuer Geschäftsmodelle als Experiment (z.B. Energie-Contracting) – Wettbewerbliche Förderung von Experimenten	– Staatliche Bereitstellung der Infrastruktur – Staatliche Demonstrationsprojekte	– Auslobung von Wettbewerben und Preisen (Jugend forscht, klimaverträgliche Stadt, Innovationspreise)
Investitions-, Produktions- und Konsumentenentscheidungen	– Technologie- und Effizienzstandards – Produktionsstandards – Nachhaltigkeitsstandards (Biomasse, Land- und Forstwirtschaft) – Emissionsgrenzwerte – Nudging („leichtes Anstubsen") – Staatliche Beschaffungspolitik – Gebote (Quoten für Bioenergie, Bioprodukte) – Marktregulierung (Energiegesetz, Mietgesetz) – Stadt-, Raum- und Infrastrukturplanung	– CO_2-Steuer – CO_2-Zertifikate – Technologiespezifische Förderung (z.B. Einspeisetarife) – Förderung neuer Geschäftsmodelle – Steuerliche Investitionsanreize – Abbau verzerrender Subventionen (fossile Energieträger, Agrarsubventionen) – Zahlung für Ökosystemleistungen – Straßenbenutzungsgebühren – Tarifgestaltung beim öffentlichen Nahverkehr	– Staatliche Bereitstellung der Infrastruktur – Public-Private-Partnership	– Informationskampagnen (zu Energieeffizienz, Ernährung, neuen Formen von Wohnen und Mobilität) – Kennzeichnung bzw. Labelling (Bioprodukte, CO_2-Fußabdruck, Nachhaltigkeit) – Selbstverpflichtungen mit Regulierungsandrohung
Angebot öffentlicher Güter	– Stadt-, Raum und Infrastrukturplanung – Zertifizierung – Marktregulierung – Verbote	– Zahlungen für Ökosystemleistungen	– Staatliche Bereitstellung der Infrastruktur	– Informationskampagnen, Kennzeichnung, Labelling – Freiwillige Zertifizierung mit Selbstverpflichtung – Regulierungsandrohung

Ich möchte im folgenden Abschnitt bei aller Wertschätzung der Akteure im WBGU hinweisen auf

a) die Interessenpositionen der verschiedenen Akteure, vor allem des Kapitals;
b) die vom WBGU geschilderten Bedingungen für eine gelingende Transformation.

Chancen ergeben sich meines Erachtens unter anderem aus der Diskussion um eine *Verantwortungsethik* und die Hoffnung auf *Pioniere des Wandels*.

7.1   Das Interesse der Akteure an Veränderung oder Bestand

Eine der zentralen Fragen ist diejenige nach den Interessen des Kapitals am Klimaschutz bzw. die nach dem Verhinderungspotenzial. Jonas Rest hat darum versucht zu ergründen, ob die Akkumulation des Kapitals mit den Anforderungen des Klimawandels in Einklang gebracht werden kann. Im Ergebnis ist er sehr pessimistisch. Er vertritt die These, „dass die bisherigen politischen wie ökonomischen Entwicklungen nicht darauf hindeuten, dass sich eine Transformation zu einer kohlenstoffarmen Wirtschaft abzeichnet. Zudem wird argumentiert, dass in der politischen Fragmentierung und ökonomischen Ungleichmäßigkeit des globalen Kapitalismus, in Kombination mit dessen historisch gewachsener Verflechtung mit dem fossilen Energiesystem, eine entscheidende Ursache für die Ineffektivität der internationalen Klimapolitik ausgemacht werden kann. Die ökonomische Konkurrenz zwischen Unternehmen, die sich fortführt in der geopolitischen Konkurrenz zwischen Staaten, wirkt nach der Analyse dieser Arbeit auch künftig einer schnellen Umstrukturierung des Energiesektors entgegen."[101]

Die von verschiedenen Seiten formulierten Ziele und das Eintreten für CO_2-arme Verfahren selbst von Energie erzeugenden Unternehmen stehen allerdings im eklatanten Gegensatz zu den bisherigen Ergebnissen der internationalen Klimapolitik. Die UN-Klimakonferenz 2009 scheiterte nach zwei Jahren intensiver Verhandlungen daran, auch nur ein gemeinsames politisches Statement zu beschließen; die Hoffnungen auf ein verbindliches internationales Nachfolgeabkommen zum Kyoto-Protokoll hatte sich bereits vorher zerschlagen. Und auf dem UN-Klimagipfel im Dezember 2010 wurde als wesentliche Errungenschaft ge-

---

101 Jonas Rest: Grüner Kapitalismus? Klimawandel, globale Staatenkonkurrenz und die Verhinderung der Energiewende. Wiesbaden 2011 (Verlag für Sozialwissenschaften), S. 15.

feiert, dass der UN-Klimapolitikprozess nicht vollständig zusammengebrochen ist. Der klimapolitische Steuerungsoptimismus, wo es ihn denn gibt, wird von der Wirklichkeit konterkariert: Auch unter dem Kyoto-Protokoll sind die CO_2-Emissionen zwischen 1990 und 2008 um 37 % angestiegen, und zwar nach der Jahrtausendwende pro Jahr durchschnittlich doppelt so schnell wie in den zehn Jahren zuvor.[102]

Für die bedeutenden globalen Industrien, darunter Erdöl- und Erdgasindustrie, Kohleindustrie, Energieversorgungsunternehmen, Automobilindustrie und die Luftfahrt- und Rüstungsindustrie bedeutet eine solche Transformation einen fundamentalen Wandel ihrer Produktion und Produkte und die Gefährdung ihres Profits. Für Unternehmen aus dem Bereich der erneuerbaren Energien, der Energieeffizienz oder der Kraft-Wärme-Koppelungsbranche eröffnen sich dagegen große Chancen. Dabei muss man wissen, dass die Unternehmen der „fossilen Energien" im Jahr 2010 einen Anteil von 21 % der 500 weltweit größten börsennotierten Unternehmen hielten (Marktkapitalisierung) und damit noch vor dem Bankensektor lagen. Und zudem machen Erdöl- und Erdgasfirmen fast die Hälfte der 150 größten nicht börsennotierten, staatlichen oder privaten Unternehmen aus. Im Verhältnis zur Marktkapitalisierung der Erdöl- und Erdgasunternehmen haben die führenden Unternehmen aus dem Bereich der erneuerbaren Energien eine bisher nur geringe Bedeutung.[103]

Möglicherweise wird sich dieses Verhältnis nach Fukushima und der Energiewende in Deutschland verändern. Bis jetzt jedenfalls entsprechen die Ausgestaltung des europäischen Emissionshandelssystems und die marktliberale Ausrichtung der sog. Flexiblen Mechanismen des Kyoto-Protokolls den vorherrschenden Kräftekonstellationen zwischen Kapitalgruppen und den dominierenden ökonomischen Interessenlagen. Die einflussreichen Akteure konnten sich bislang erfolgreich der Transformation zu einer kohlenstoffarmen Wirtschaft widersetzen.

Eine andere Interessenlage haben Versicherungsunternehmen, die für die finanziellen Folgen von Umweltkatastrophen Vorsorge betreiben müssen. Als mächtige Finanzmarktakteure im globalen Kapitalismus könnten sie unter diesem Gesichtspunkt auf Seiten der Ökologiebewegung stehen; jedoch ist der Einfluss der Versicherungsindustrie auf die Klimapolitik bisher sehr gering geblieben.[104] Und auch institutionelle Investoren messen klimarelevanten Faktoren bei der Bewertung kaum eine Bedeutung zu. Für die Vermögensverwalter spielen CO_2-Emissi-

---

102 Rest 2011, a.a.O., S. 13.
103 Rest 2011, a.a.O., S. 85 f. und 101 – 106.
104 Rest 2011, a.a.O., S. 119.

onen bei ihren Investitionsentscheidungen offensichtlich keine Rolle.[105] Darüber hinaus gibt es begründete Anzeichen dafür, dass Investitionen in Projekte alternativer Energien in Krisenzeiten zurückgefahren werden. So führte die Finanzkrise 2008/2009 zur massiven Einstellung von Projekten und auch zu Insolvenzen. [106] Häufig wird mit dem Finger auf den Energieverbrauch und den CO_2-Ausstoß Chinas gezeigt und verdrängt, dass Europa den Dreck der Industriellen Revolution schon 100 – 150 Jahre früher hatte. Außerdem muss erwähnt werden, dass die CO_2-Emissionen pro Kopf in den USA immer noch etwa das Vierfache Chinas betragen. Die USA verbrauchen mehr Erdöl und Erdgas als alle anderen Staaten und sind nach China der weltweit zweitgrößte Kohlekonsument.

7.2   Politische Gestaltung

Das Hauptgutachten des WBGU äußert sich ausführlich zu den Möglichkeiten und Grenzen politischer Gestaltung. Es können folgende Faktoren genannt werden:

• Eine Transformation verlangt eine sehr langfristig ausgerichtete Politik. Politik in Demokratien orientiert sich aber an kurzen Wahlperioden und aktuellen Zwängen. „Der ‚shortism' (Giddens) der politischen Aufmerksamkeit ist gepaart mit dilatorischen (verzögernden) Methoden der Dissensbearbeitung und Kompromissfindung in politischen Verhandlungsarenen: Schwer lösbare Probleme werden gerne ‚auf die lange Bank' geschoben. Darunter fallen genau die großen Reformagenden westlicher Demokratien wie demografischer Wandel, Kostenexplosion im Gesundheitswesen oder Massenarbeitslosigkeit und Staatsverschuldung. Auch die Bearbeitung des Klimawandels gehört dazu."[107]
• Verbände aus den Wirtschaftsbereichen verfügen über eine weit höhere Konfliktfähigkeit als Gruppen in sozial-ökologischen Querschnittsbereichen. „In den vom WBGU behandelten Problemfeldern nachhaltiger Entwicklung ist nun der Einfluss der Lobbyverbände der Öl- und Kohleproduzenten oder energieintensiven Industrie und der Autoindustrie deutlich größer als der zivilgesellschaftlicher Organisationen oder der ‚grünen Industrie'."[108]

---

105 Rest 2011, a.a.O., S. 120.
106 Rest 2011, a.a.O., S. 126 f.
107 WBGU 2011, a.a.O., S. 200 f.
108 WBGU 2011, a.a.O., S. 201.

- „Politische Investitionen sind zum Scheitern verurteilt, wenn ihnen Akteure widersprechen, deren Zustimmung verfassungsmäßig oder realpolitisch unabdingbar ist. Je mehr kollektive oder eigenständige Vetospieler auftreten und je homogener und kompetitiver sie agieren, desto unwahrscheinlicher wird die Veränderung des Status quo. Politische Systeme können entsprechend danach unterschieden werden, wie viele Vetospieler sie aufweisen. Die Politikverflechtung und –fragmentierung zwischen verschiedenen Ebenen, in Bund und Ländern, Nationalstaaten und EU führt daher zusätzlich zu horizontalen und vertikalen Selbstblockaden im Staatsapparat."[109]
- Zur Transformation in Schwellenländern ist zu sagen, dass die Priorität der *Chinesen* beim Wirtschaftswachstum liegt und die politische Bereitschaft für eine klimafreundliche Politik schwer einzuschätzen ist. *Brasilien* kann einen Demokratisierungsprozess vorweisen sowie viele natürliche Energiequellen. Allerdings orientiert sich die brasilianische Politik, Wirtschaft und Gesellschaft derzeit noch mehrheitlich an tradierten Modernisierungsvorstellungen der industriellen Epoche. Der Diskurs zur Klimaverträglichkeit ist sogar weniger ausgeprägt als in China. In *Indien* gibt es neuerdings Energieeffizienz-Programme, aber die Armut des Landes macht die Steigerung der wirtschaftlichen Leistungsfähigkeit zum zentralen Thema. „Es ist daher unwahrscheinlich, dass von Indien ein starker Impuls zur klimaverträglichen Transformation der Weltwirtschaft ausgeht."[110]
- Die Europäische Union kann theoretisch als Beispiel transnationaler Klimapolitik angesehen werden. Allerdings fehlen ihr in den Transformationsfeldern Energie, Urbanisierung und Landnutzung wesentliche Kompetenzen.
- „Angesichts des Aufstiegs großer Schwellenländer und des Bedeutungszuwachses neuer Politikforen wie der G 20 kann schon heute kaum mehr uneingeschränkt von einer westlich dominierten Weltordnung die Rede sein." Es bleibt offen „wie sich ein normativ wünschenswertes und im Sinne der Transformation zu einer klimaverträglichen Weltgesellschaft wirkendes Ordnungsmuster manifestieren könnte, dass ein zugleich friedliches, legitimes und nicht zuletzt globales Regieren ermöglicht."[111]

Diese unbefriedigende Analyse der Möglichkeiten politischer Gestaltung wird durch die ausbleibenden Ergebnisse internationaler Konferenzen eindrucksvoll bestätigt. Auch wenn es sich in Rio 2012 nicht um eine Klimakonferenz handelte,

---

109 WBGU 2001, a.a.O., S. 202 f.
110 WBGU 2011, a.a.O., S. 208.
111 WBGU 2011, a.a.O., S. 210.

wurde doch sehr deutlich, wie grotesk solche „Umwelt-Konferenzen" inzwischen sind, wenn das ausbleibende Ergebnis schon vor Konferenzbeginn offiziell feststeht und auch noch kommuniziert wird.

7.3 Psychologie

Ich möchte aber noch einmal auf die Umweltpsychologie zurückkommen.

Die Korrelation zwischen Wissen/ Werthaltungen und tatsächlichem Handeln scheint eher schwach zu sein, man kann sogar von einer *Kluft* sprechen.[112] Mein jahrelanger Apell an die deutsche Politik: „Tut einfach nur, was ihr wisst!", verhallt natürlich ergebnislos. Es gibt eine Reihe von Studien, welche die hinzutretenden Faktoren untersuchen und bewerten. Diese sog. Moderatoren (Verantwortungszuschreibung, spezifische Kontrollüberzeugungen, Bewusstheit von Handlungskonsequenzen, Wissen und Fähigkeiten, Verhaltensangebote und soziale Normen) stärken die Korrelation, wirken aber auch eigenmächtig.

Die Versuche, das Verhalten der Menschen zu beeinflussen, nennt man „umweltpsychologische Intervention".

Tabelle 4 Individuumsbezogene Interventionsansätze und -techniken im Bereich der Veränderung von Umweltverhalten

Ansatzpunkt Situation: Techniken, die an externen Handlungsbedingungen ansetzen: – Technische Veränderungen (z.B. Verbesserung der Zugänglichkeit von Altpapiercontainern) – Belohnung und Bestrafung (z.b. Steuerersparnis bei schadstoffarmen Fahrzeugen)	Ansatzpunkt Person: Techniken, die an internen Handlungsbedingungen ansetzen: Wissenschaftliche Techniken: – Schriftliche Vermittlung von Problem- und Handlungswissen – Vermittlung von Wissen über das eigene Verhalten und seine Konsequenzen (Feedback) Normzentrierte Techniken: – Persönliche Vermittlung von Problem- und Handlungswissen – Zielsetzung – Verpflichtung – Soziale Modelle – Blockleader

Quelle: Homburg / Matthies 1998, a.a.O., S. 173.

---

112 Homburg / Matthies 1998, a.a.O., S. 123 f.

Möglich ist auch eine Intervention als Initiation von sozialem Wandel. Hier existieren verschiedene Ansätze, die insbesondere in den Bereich des Marketings hineinreichen.

Unter dem Gesichtspunkt der Anpassung scheint der Aspekt der „ökologisch-sozialen Dilemmata" besonders bedeutsam zu sein. „Eine Gruppe von Beteiligten nutzt eine gemeinsame Ressource. Der Gewinn aus der Nutzung des Gutes kommt dem jeweiligen Individuum zugute, während ein durch Schädigung der Ressource entstehender Verlust oder Mindernutzen alle Beteiligten gleichermaßen trifft, d.h. sozialisiert wird."[113] „Entscheidend verkompliziert wird die Lage dadurch, dass eine unüberschaubare Vielzahl von Ressourcennutzungen weltweit vernetzt ineinander greifen, verbunden mit vielfältigen Interessen und Nebenwirkungen. Gerechtigkeitsaspekte über Generationen hinweg sowie zwischen Industrie-, Schwellen- und Entwicklungsländern werden mit der vielschichtigen Problematik des Bevölkerungswachstums und eines nach wie vor zur Behandlung von sozialen Problemen geforderten Wirtschaftswachstums in Einklang gebracht werden müssen. (...) Die idealen Voraussetzungen für den nachhaltigen Umgang mit ökologisch-sozialen Dilemmata – stabile und kommunikative Gemeinschaften, die sich erfolgreich gegen äußere Einflüsse behaupten sowie eine stationäre und gut zu überwachende Ressource – sind zunehmend selten geworden. Hingegen haben alle kritischen Umweltprobleme (grenzüberschreitende Verschmutzung, Entwaldung, Klimawandel) globale Ausmaße und unterliegen mehr als nur lokalen Einflüssen. Effekte treten zeitlich wie räumlich sehr entfernt auf, politische wie ökonomische Machtgefälle erschweren Veränderung. Die Antwort auf diese Herausforderung ist in sich komplex: Sie setzt sich zusammen aus Elementen wie dem moderierten Dialog der Beteiligten und aus einem abgestimmten Mix aus institutioneller Regulierung auf mehreren Ebenen, um so kontrolliertes Ausprobieren, gesellschaftliches Lernen und Wandel zu ermöglichen."[114]

7.4 Verantwortungsethik

Es geht hierbei um das Verhältnis der Menschen zur Umwelt und die daraus erwachsene Verantwortung. Hierzu gehört auch eine Bestimmung des moralischen Status des Schutzgutes „Natur". Der Mensch muss in die Natur eingeordnet werden, und erst die bewusste Erinnerung an den Naturzusammenhang als Men-

---

113 Andreas Ernst: Ökologisch-soziale Dilemmata. In: Lantermann / Linneweber 2008, a.a.O., S. 377 – 414, S. 383.

114 Ernst 2008, a.a.O., S. 405.

schen, wie sie durch den Klimawandel offensichtlich gegeben ist, führt zu einer neuen Moralität.

Eine Ethik in Zeiten des Klimawandels kann unter zwei Gesichtspunkten diskutiert werden:

- Der Klimawandel kann als eine Frage der globalen Sicherheit wahrgenommen werden und wäre damit ähnlich relevant wie zum Beispiel der Kampf gegen den Terrorismus;
- der Umstand, dass der Klimawandel von den Menschen verursacht wird, betrifft ihre Sicherheit, ihr Leben und ihre Würde. Die übergreifende Klammer ist in jedem Fall die Problematik der *Verantwortung*.

Die sog. Verantwortungsethik ist inzwischen ein umfangreicher Forschungsbereich geworden. Die Definition „Verantwortung ist das Einstehen für die Folgen des eigenen Handelns" ist zunächst unmittelbar einsichtig; aber können auch *Organisationen* Verantwortung tragen?[115] In jedem Fall liegt dem Anerkenntnis von Verantwortung ein bestimmtes *Moralverständnis* zugrunde. Man kann dies vielleicht mit Blick auf die Klimaproblematik durch einen Vergleich verdeutlichen: Während das Gebot „Du sollst nicht töten" tief im Menschen verwurzelt ist, würde das Gebot „Du sollst nicht fliegen" einer Rechtfertigung, der Überführung auf ein dem Menschen innewohnendes Moralverständnis bedürfen.[116] Die Problematik liegt dabei in einigen gedanklichen Zwischenschritten: Die Flugreise selbst ist kein schlechtes Handeln – aber die Folgen für die Ozonschicht sind bedenklich; auch gibt es kein unmittelbares Opfer meines Handelns – alles verflüchtigt sich in globalen Verhältnissen; und schließlich sind die Folgen erst langfristig spürbar – und bis dahin könnte sich wieder vieles ändern. (vergl. Individualverkehr) Es geht also darum, auch weit in der Zukunft liegende Folgen in einer handlungsleitenden Entscheidung zu berücksichtigen.[117]

Nun steht und fällt die Möglichkeit, Verantwortung zu übernehmen, mit der Möglichkeit sich frei für oder gegen bestimmte Handlungen zu entscheiden. Im Rahmen einer Klimawandelethik reden wir von *Alltagsentscheidungen*, die immer das Ergebnis einer Prüfung unter rationaler Abwägung von Gründen unter Berücksichtigung von Gefühlen sind. Eine solche Entscheidung steht in einem Spannungsverhältnis der Antworten auf die Frage: *Wer* trägt Verantwortung? Die Antworten lauten a) Wir alle! b) Jeder einzelne! Das ist ein Unterschied, denn

---

115 Hierzu später mehr; vergl. Wieland 2001.
116 Josef Bordat: Ethik in Zeiten des Klimawandels. In: Voss 2010, a.a.O., S. 189 – 204, S. 190.
117 Bordat 2010, a.a.O., S. 190 f.

einmal geht es um das Kollektiv und einmal um das Individuum, also um den Unterschied von Individual- und Institutionenethik.

Es ist nun die Institutionenethik, die im Bereich der Folgen der modernen verwissenschaftlichten Technologien eine besondere Rolle spielt. Die Verantwortung hierfür liegt bei kollektiven Subjekten. Moderne Gesellschaften sind u.a. durch die Existenz von Organisationen gekennzeichnet. Diese banale Tatsache führt dann zu der Einsicht, dass in der globalisierten Welt die Antwort auf immer mehr moralische Fragen von Organisationen bzw. Unternehmen und gerade nicht den individuellen Akteuren zum Beispiel der Wirtschaft erwartet wird. Spitz formuliert: „Die Zurechenbarkeit auf kollektive moralische Akteure wird mehr und mehr zur Bedingung der Möglichkeit moralischer Diskurse in modernen Gesellschaften."[118] Man kann sogar sagen, dass gerade der Form der Organisation wegen des dort vermuteten rational-strategischen Potenzials eine erhöhte Verantwortlichkeit und Fähigkeit zur Realisierung moralischer Ansprüche zugerechnet werden kann.[119]

Das ist ein bemerkenswerter Gedanke: Moderne Gesellschaften leben immer mehr von kollektiver Verantwortung.

Hier muss zunächst einmal zwischen *Institutionen* und *Organisationen* unterschieden werden. Institutionen beruhen auf informalen und formalen Spielregeln der Gesellschaft, die das Handeln der Menschen steuern und beschränken. Organisationen sind demgegenüber Gruppen individueller Akteure, die sich zur Verfolgung eines gemeinsamen Ziels zusammengeschlossen haben. „Institutionen sind selbst Ausdruck moralischer Überzeugungen. Sie sind entweder handlungsbeschränkend oder handlungseröffnend, aber die Frage ihrer ‚moralischen Handlungsfähigkeit' stellt sich überhaupt nicht, da sie keine Akteure, sondern Referenzpunkte für Akteure sind."[120] Ein solcher Referenzpunkt wäre zum Beispiel ein Parlament, ein Gericht oder der Weltklimarat. Anders dagegen ein Unternehmen, dass durchaus moralische Ansprüche und Werte zu seinen Zielen zählen kann und formal über einen „Code of Ethics" oder informal über eine bestimmte Unternehmenskultur seinen Mitgliedern Vorgaben macht, sie also einengt und dadurch selbst zum Akteur wird. Aus dieser Einsicht bzw. Positionierung resultiert eine Flut an Literatur zum Thema Unternehmensverantwortung – auch für das Klima.

---

118 Josef Wieland: Die Tugend kollektiver Akteure. In: Josef Wieland (Hrsg.): Die moralische Verantwortung kollektiver Akteure. Heidelberg 2001 (Physica-Verlag), S. 22 – 40, S. 22 f.

119 Wieland 2001, a.a.O., S. 23.

120 Wieland 2001, a.a.O., S. 33.

Der Verantwortungsdiskurs, der seit einigen Jahren in die Gesellschaftswissenschaften eingewandert ist, ist natürlich die Kehrseite der Einsicht, dass viele Dinge staatlich nicht (mehr) bestimmt werden können. Der Staat kommt an seine Grenzen und kann nur appellieren und den Begriff der Verantwortung ins Feld führen. - Wenn auch nachvollziehbar ist, dass eine Organisation Verantwortung übernehmen kann, so bleibt die Frage nach der anonymen Masse und ihrem Umweltverhalten.

7.5   Pioniere des Wandels

Demgegenüber beziehen sich optimistische Denkweisen auf die sog. „Change Agents" oder „Pioniere des Wandels". Es handelt sich um identifizierbare Akteurskonstellationen, die über ausreichend Macht, Ressourcen und Kreativität sowie Innovations- und Reformbereitschaft verfügen, um etablierte Blockadekräfte zu überwinden. Die These lautet also, dass es Vorreiter einer Entwicklung gibt. Sie haben eine Veränderungsidee und gewinnen für diese Idee Mitstreiter. Es entsteht eine kritische Masse, an deren Ende ein Paradigmenwechsel steht.

Man mag dies ein optimistisches oder gar naives Denken nennen, aber es ist zunächst einmal eine der ganz wenigen Theorien, welche sich nicht in der Schilderung von Hemmnissen des Wandels erschöpfen. Man geht von vorhandenen *mentalen Bereitschaften* aus, die durch den gestaltenden Staat aktiviert, thematisch aufgeladen und durch Vernetzung von Akteuren umgesetzt werden. Es geht vor allem darum, lokale und überlokale Handlungseinheiten zu formen und das Bewusstsein der Selbstwirksamkeit zu stärken. Regierungs- und Nichtregierungsorganisationen müssen Strukturen und Netzwerke schaffen, die eine rasche und dauerhafte Mobilisierung von Akteuren ermöglichen.[121]

Der Gedanke der Vernetzung und Mobilisierung scheint mir anschlussfähig zu sein an die Möglichkeiten neuer Medienformate. Ebenso sollte über Pioniere des Wandels als mediale Zielgruppe nachgedacht werden.

Es gibt da einen interessanten Zusammenhang zum Thema Wissenschaftskommunikation: „Wissen ist nichts ohne Wissende, und Wissen verbreitet sich nur durch Handelnde. Ein Transformationsprozess ist zum Scheitern verurteilt, wenn ‚Experten' auf die Selbstevidenz der Vernünftigkeit ihrer am grünen Tisch erarbeiteten Vorschläge setzen und ‚Laien' durch Informationskampagnen und Anreizsysteme veranlassen (wollen), entsprechende Maßnahmen im Nachhinein zu akzeptieren."[122]

---

121 WBGU 2011. a.a.O., S. 255 ff.
122 WBGU 2011, a.a.O., S. 255 f.

Das Argument geht also in Richtung auf Partizipation und frühzeitige Beratschlagung. Dahinter steht ein input-orientiertes Demokratieverständnis, das sicher Elemente eines gewissen Idealismus hat. Pionieren des Wandels können gewisse Eigenschaften zugeschrieben werden, nämlich einerseits innerhalb der Sphäre der Innovation und andererseits innerhalb der Sphäre der Produktion.[123]

Die konkreten Beispiele zählen „die üblichen Verdächtigen" auf: „Stromrebellen", Fotovoltaik-Firmen, dörfliche Windkraftanlagen, solarthermische Kraftwerke, Elektromobilität, Car Sharing, Verbesserung des ÖPNV, Diskriminierung von Autofahrern zugunsten von Radfahrern und Fußgängern, Verbot von Inlandsflügen, nachhaltige Stadtentwicklung, energiesparendes Bauen usw. Zahlreich sind auch die Beispiele aus dem Bereich der Landnutzung. Auf Seiten der Verbraucher kann man nur auf eine Veränderung des Konsumverhaltens hoffen. Ökologisch hergestellte und fair gehandelte Produkte verzeichnen hohe Wachstumsraten, Ergänzt wird diese Aufzählung durch die Betonung der Bedeutung von NGOs (Non-Profit-Organisationen).

Insgesamt werden also sehr „grüne" Positionen bezogen; mit Elementen von Bürgergesellschaft, Kommunitarismus, Lebensreform, aktivem Gestalten und sehr viel Pädagogik. Das Hauptgutachten „Welt im Wandel" vereint damit viele Denkansätze, von denen die Pioniere des Wandels sicher die visionärsten sind und irgendwie an die Gründerzeit der Grünen erinnern. Aber wenn wir wirklich dem Klimawandel gegensteuern wollen, scheint es mir nicht nur um die mediale Erklärung von komplizierten Klimamodellen zu gehen, sondern in der Tat um die Stützung dieser Pioniere.

Es stellen sich mir die Fragen, welche Akteurskonstellationen noch möglich wären und wie mediale Konzepte aussehen können/müssen, um diese Entwicklung zu stützen.

7.6 „Entscheider" als Pioniere des Wandels gewinnen

So wichtig es ist, junge Menschen als Pioniere des Wandels zu gewinnen und bei ihnen Verhaltenssensibilität zu fördern, braucht es sicher ein-zwei Generationen – also 20-40 Jahre -, bis unsere Erben das ganze Ausmaß der Probleme unserer Hinterlassenschaft wahrgenommen und spürbar reagiert haben. Diese Zeit haben wir nicht, um ansonsten tatenlos abzuwarten.

Wie steht es denn um die heutigen Entscheider? Sie könnten unverzüglich handeln. Die Handlungswirklichkeit und ihre realistischen Optionen in den führen-

---

123 WBGU 2011, a.a.O., S. 258.

den Wirtschaftsnationen habe ich beschrieben. Ich möchte durchaus nicht resignieren und die Entscheider in Wirtschaft, Politik und Verwaltung, aber auch in Medien und Wissenschaft, außer Acht lassen. Im folgenden Kapital sollen „neue" Möglichkeiten in Bezug auf diese Zielgruppen wieder ins Blickfeld kommen. Ich möchte jetzt aber zunächst die Aufmerksamkeit auf eine durchaus bedeutende Zielgruppe lenken, die Unternehmer/innen in der sog. „Dritten Welt", also in den Entwicklungsländern und zum Teil durchaus auch noch in den Schwellenländern.

Je mehr wir uns von weltweit operierenden Konzernen und ihren korporatistischen Strukturen (Verbandsstrukturen und Lobbyismus) entfernen, desto größer wird der Einfluss von kleinen und mittleren Unternehmen. In Entwicklungsländern, aber auch in Schwellenländern, wie zum Beispiel in Indien, beeinflussen Unternehmer gerade in regionalen Strukturen die Politik nachhaltig und effektiv.

Unternehmer sind immer darauf bedacht, Gewinne zu erzielen und (auch) ihren eigenen Nutzen zu mehren. Das ist schon deshalb zu akzeptieren, weil wir die gesamtwirtschaftliche Relevanz dieser Antriebskraft kennen und wissen, dass diese durchaus auch egoistische Motivation historisch die Überlegenheit des Kapitalismus ausmacht und gerade bei uns auch zu sozialen Errungenschaften geführt hat, die Vergleichbares in anderen Systemen sucht.

Wenn aber ein so motivierter Mensch mit Produkten, Produktionsweisen und Dienstleistungen sehr viel Geld verdienen kann, die ökologisch nachhaltig sind, wird der ein oder andere diesen Weg wählen, weil er neben dem angestrebten Gewinn auch Ansehen und Akzeptanz mehren kann. Und es gibt weltweit Beispiele genug, wie man mit klima- und umweltverträglichen Produkten beeindruckende Gewinne erzielen kann. Hier könnten kurze, aber überzeugende Dokumentationen Ansporn und Anleitung geben. Mit Hilfe von Fernsehsendern, aber auch Kampagnen und Events könnten diese Alternativen in die jeweiligen Gesellschaften getragen werden. Es wäre sehr sinnvoll, wenn es dann noch gelänge, Entrepreneurship-Education (Kurse zum Aufbau eines Unternehmens) und (Mikro)-Kredit- und Förderberatung parallel anbieten zu können.

7.7   Neue Berufsbilder/Neue Studiengänge

Die neuen Herausforderungen in der Wissenschaftskommunikation – gerade auch im Bereich Klimawissenschaft und Nachhaltigkeit – führen zur Notwendigkeit neuer auf die Entwicklung angepasster Studiengänge. Nachstehend soll ein möglicher Studiengang beispielhaft kurz dargestellt werden.

Digitales Marketing und Unternehmenskommunikation mit dem Schwerpunkt Nachhaltigkeit (MA)

Der Studiengang *Digitales Marketing und Unternehmenskommunikation* mit dem Schwerpunkt Nachhaltigkeit ist ein berufsqualifizierender Studiengang, der zum Abschluss eines/er Kommunikationswirts/-in (MA) qualifiziert. Die Regelstudienzeit beträgt vier Semester und richtet sich an BA- und Diplomabsolventen mit einem nicht medienbezogenen Ausbildungsprofil. Voraussetzung ist eine einschlägige Berufserfahrung im Themenfeld Nachhaltigkeit.

Gegenstand des Studiengangs ist der Umgang, die Erstellung und die Auseinandersetzung mit Medieninhalten speziell zu Themen der Klima-/Geowissenschaften und der Nachhaltigkeit. Die Studierenden werden flexibel für die Arbeit in Marketingabteilungen, Presse- und Öffentlichkeitsabteilungen oder für journalistische Tätigkeiten ausgebildet. Deshalb stehen praktische und organisatorische Kompetenzen im Vordergrund. Das Alleinstellungsmerkmal ist dabei die Verknüpfung der verschiedenen Kernkompetenzen zur Etablierung eines fokussierten Studienangebots.

Der Studiengang wird durch seine vier interdisziplinären Säulen charakterisiert:

- Marketing in der digitalen Medienwelt
- Kommunikation
- Grundlagen der Nachhaltigkeit und der Klimawissenschaft
- Grundlagen der Betriebswirtschaftslehre

Der Studiengang *Digitales Marketing und Unternehmenskommunikation* vermittelt marketingrelevante und kommunikationswissenschaftliche Fähigkeiten und Kenntnisse mit dem Fokus auf nachhaltige Themen. Die Absolventinnen und Absolventen sollen in die Lage versetzt werden, komplexe und inhaltlich relevante Themen der Nachhaltigkeit aus dem Unternehmenskontext innerhalb und außerhalb der Unternehmensgrenzen mit den jeweilig spezifischen Kommunikationskanälen zielgruppengenau zu kommunizieren. Der Fokus liegt dabei auf einer Vermittlung kommunikations- und marketingrelevanter Methoden sowie auf der Entwicklung eines eingehenden Verständnisses der Ursachen und Auswirkungen von Umwelt- und Klimaveränderungen.

Die Absolventen können mit dem erworbenen Wissen und den Fähigkeiten beispielhaft in folgenden Bereichen arbeiten:

- In Marketingabteilungen von Unternehmen, die im Umweltbereich tätig sind, z.B. Versicherungen, Umwelttechnikhersteller, Energieunternehmen etc.

- In Presse- und Öffentlichkeitsabteilungen von Unternehmen und Non-Profit-Organisationen
- In Marketing-Agenturen
- Als freie oder angestellte Journalisten in Medienunternehmen

Kurzprofil:

- Zielgruppe: BA-Absolventen und Berufstätige mit einem nicht medienbezogenen Ausbildungsprofil.
- Zeitaufwand: Der Studiengang ist berufsbegleitend organisiert.
- Studienziel: Die Studierenden werden flexibel für die Arbeit in Marketingabteilungen, Presse- und Öffentlichkeitsabteilungen oder für journalistische und medienwirtschaftliche Tätigkeiten ausgebildet. Deshalb stehen praktische und organisatorische Kompetenzen im Vordergrund.
- Naturwissenschaftliches und technisches Wissen bildet den Hintergrund für eine solide Marketing-Kommunikation.
- Der Studiengang hat einen hohen Praxisanteil und ist projektorientiert angelegt.

Modul *Marketing in der digitalen Medienwelt*:

Das Modul behandelt im ersten Schritt die Grundlagen von Marketingstrategie und Marketing-Mix. Auf den klassischen Sinn und die bekannten Ansätze und Konzepte des Marketings soll eingegangen werden. Besonderheiten der Nachhaltigkeits- und Umweltkommunikation werden dabei reflektiert – insbesondere auch im Hinblick auf deren besondere Zielgruppen. Hervorgehoben wird hier auch die Rolle von Design und Innovation in Verbindung mit Marketing. Darauf aufbauend sollen die Aspekte neuer Kommunikationsmöglichkeiten und neuer Medientechnologien und deren Relevanz für Marketing und Kommunikation thematisiert werden. Auf neue Technologien wird dabei ebenso Bezug genommen, wie auf die damit verbundenen neuen Marketingansätze (Virales Marketing, Buzz Marketing, Digital Campaigning, Suchmaschinenmarketing, Apps). Die Teilnehmenden entwickeln in diesem Rahmen erste Marketingkonzepte für ausgewählte Nachhaltigkeitsprojekte und setzen diese in Prototypen um.

Modul *Kommunikation/Medien*:

Auf der Grundlage medien- und kommunikationswissenschaftlicher Theorie wird Grundlagenwissen bezüglich Medieninhalts-, Mediennutzungs- und Medienwirkungsforschung vermittelt. Dabei geht es darum, dieses Handwerkszeug auch und besonders auf aktuelle und zukünftige Entwicklungen anzuwenden, ohne eine historische Perspektive (Mediengeschichte) außer Acht zu lassen: Smartphones und Tablets, Crowdfunding und Cloudsourcing - Was sind Trends in Mediennutzung und Medienproduktion der Gegenwart und Zukunft? Welche Zielgruppen können in Zukunft in welchen Medien angesprochen werden?

Desweiteren wird der theoretische Überbau dramaturgischer Modelle und Toolsets für audiovisuelle Medien vermittelt. Jenseits klassischer Film- und Fernsehformate werden serielle, crossmediale oder/und interaktive Formate hinsichtlich erforderlicher Dramaturgien behandelt. Fokussiert wird hier vor allem leichte Übertragbarkeit und hoher Praxisbezug im Hinblick auf zielgruppengerechte Wissenschafts- und Unternehmenskommunikation: Welche Rolle spielt heutzutage die Fiktionalisierung von Marken? Wie kann Marketing-Kommunikation Geschichten erzählen (story-telling)? Wie kann Social Media eingesetzt werden? Was bedeutet Gamification? Modelle zeitgemäßer Produktionsprozesse werden anhand von Best Practice Beispielen vorgestellt. In der Reflektion und in der Projektarbeit werden die Kompetenzen in Zielgruppenforschung, Medienanalyse, Stoffentwicklung und Produktion auf konkrete Anliegen der Nachhaltigkeitskommunikation angewandt. Eigene zielgruppenorientierte Medienprojekte werden entwickelt und produziert.

Modul *Grundlagen der Nachhaltigkeit und Klimawissenschaften*:
Ziel des Moduls ist es, dem Studierenden durch fundiertes Hintergrundwissen in den relevanten Umweltnatur- und Umwelthumanwissenschaften sowie durch einen Überblick über konkrete und aktuelle Problemfelder der nachhaltigen Entwicklung und des Klimawandels ein interdisziplinäres Verständnis zu ermöglichen und sie dadurch urteilsfähig zu machen.

Die verschiedenen Dimensionen der Nachhaltigkeit werden etabliert, indem sich die Studierenden gleichzeitig von zwei komplementären Seiten nähern. Einerseits durch die Betrachtung aus den Perspektiven der verschiedenen Einzeldisziplinen. So geben z.B. Umweltphysik und Klimatologie einen Einblick in die Grundlagen des Systems Atmosphäre und Klima und sozio-ökonomische, institutionelle und politische Blickwinkel helfen die gesellschaftlichen Werte, Leitbilder und Handlungsmuster zu verstehen, die Klima- und Umweltprobleme verursachen. Andererseits wird anhand konkreter Mensch-Umwelt Systeme die praktische und interdisziplinäre Bewertung eingeübt. Aus der Verknüpfung dieser Herangehensweisen erwächst schließlich ein umfassendes Verständnis der Probleme, ihrer Ursachen und möglicher Lösungen, das in einem konkreten Beispiel der Wissenschaftskommunikation umgesetzt wird.

Modul *Grundlagen der BWL*:
Die Module „Kompetenzgrundlagen" und „Allgemeine BWL", aber auch Bereiche wie Business strategy/Entrepreneurship, Wirtschaftsethik, interkulturelles Management, Qualitäts- und Umweltmanagement werden in das Studienangebot integriert.

Ein vergleichbares Angebot gibt es derzeit nicht. Effektive Klima- und Umweltkommunikation braucht aber einen neuen Typus von „Wissenschaftsjournalisten/Medienproduzenten".

7.8   Neue Formen der Weiterbildung und Qualifizierung entwickeln und umsetzen

Immer häufiger findet der Begriff „smart-education" Einzug in die Diskussion um neue Formen des Dialogs und der Weiterbildung, auch bei der Projektplanung im klimawissenschaftlichen Umfeld:

> The idea of the project is to provide a Smart and Intelligent Education and Climate Service for Europe and Developing Countries. Computer-based education and climate service platforms can provide powerful tools to inform laymen and certain stakeholders in the different facets of climate issues. Consequently the project will develop existing infrastructures further, integrate, an extend them by tailer-made climate information-packages, media/communications, and training-packages.

Wir kennen "Smart Education Systems" aus der Schulbildung. Das Annenberg Institute of School Reform at Brown University beschreibt die Idee der „smart education":

> A smart education system links a high-functioning school district with a web of supports for children and families that collectively develop and integrate high-quality learning opportunities in all areas of student's lives – at school, at home, and in the community. (www.annenberginstitute.org)

Es handelt sich um eine Weiterentwicklung des e-Learnings und des distributiven Lernes unter Einbeziehung „wissenszentrierter Lernumgebungen".

Smart Education spielt zwischenzeitlich eine beachtenswerte Rolle in der militärischen Ausbildung. Schon 1997 entwickelte eine Standardisierungs-Initiative des amerikanischen Verteidigungsministeriums das ADL (Advanced Distributed Learning System), das vorhandene und zukünftige Lernmanagement-Systeme interoperabel machen soll.

Die NATO-Schule Oberammergau wirbt mit ihrem Angebot „Smart-Bildung". Obwohl die traditionellen „Wohn-Kurse" immer noch die Hauptstütze der NA-TO-Schule sind, hat sich die Nachfrage nach mobilen Trainings-Angeboten erheblich erhöht. Derzeit kann die NATO-Schule bereits mehr als 30 Kurse ADL anbieten. Für die klimawissenschaftliche Arbeit bedeutet dies zunächst:

It is the aim to develop a modular interactive system consisting of two components: i) an interactive information system and ii) an online training and education system, which follows a pull-oriented access paradigm (the user decides which issues he want to address and learn about) rather than a push-oriented one (an teacher decides about learning tasks). In order to achieve concrete learning benchmarks targets the system will associate concrete performance evaluators to any learning tasks in real time. The modular design of the system allows to invite other companies and partners for an active involvement.

7.9 Innovative Geschäftsmodelle

Neue Anforderungen an die Wissenschaftskommunikation – wie beschrieben – führen auch zu innovativen Geschäftsmodellen, die erforderlich werden, um wissenschaftliche Erkenntnisse mediengerecht kommunizieren zu können – fünf Beispiele, die sich aus der Arbeit der Climate Media Factory ergeben haben, seien hier genannt:

Climate Media Factory UG

Es gibt nur sehr wenige Medienhäuser, die in der Lage sind, klimawissenschaftlich fundierte und zugleich ästhetisch wie dramaturgisch überzeugende Medienformate herzustellen. Dazu gehören Filme, Fernsehformate und Videoproduktionen ebenso, wie webbasierte und interaktive Formate, Animationen, Computerspiele, Produkte für die mobile Kommunikation und vieles mehr. Aus dem Forschungsprojekt „Climate Media Factory" heraus wurde die Climate Media Factory UG (haftungsbeschränkt) gegründet, die diesen Anspruch zu verwirklichen sucht. Der Gegenstand des Unternehmens wird wie folgt beschrieben: „Die Produktion von Medien aller Art. Dabei ist das Ziel, insbesondere komplexe wissenschaftliche Sachverhalte mit Hilfe von medialen Möglichkeiten, z. B. durch den Einsatz von Animationen, so zu reduzieren, dass der Inhalt auch für interessierte Laien oder fachfremde Wissenschaftler und Kunden verständlich wird. Die Gesellschaft wird auch Produkte und Formate entwickeln und produzieren, mit Hilfe derer komplexe Sachverhalte unterhaltsam und spielerisch einer breiten Öffentlichkeit vermittelt werden können. Hierzu können zum Beispiel Games, Doku-Soaps oder auch Apps gehören". Die Gesellschaft verfügt nach nur einem Jahr über eine respektable Zahl von Referenzkunden, zu denen die Bundesregierung, die Gesellschaft für internationale Zusammenarbeit (GIZ), die Weltbank und der WWF gehören, um nur einige Beispiele zu nennen.

Earth Games
Gründungsunternehmen Experimental Game GmbH

Diese Geschäftsidee mündet in eine wissenschaftsbasierte Spiele-Entwicklung für Unternehmen, öffentliche Einrichtungen sowie Nicht-Regierungsorganisationen. Simulationen, Lehr- und Lernsoftware sowie Games mit Serious Content sollen in seriellen Formaten entwickelt werden. Vielen Verlagen, insbesondere Schulbuchverlagen, ist die wachsende Bedeutung von Games in Bildung und Weiterbildung sehr wohl bewusst, lange Produktionszeiträume und hohe Kosten blockieren heute noch „den Durchbruch" serieller Games-Formate in der Wissenskommunikation.

Das Gründungsunternehmen Experimental Game GmbH entwickelt die Gamebook-Technologie, mit deren Hilfe serielle Games-Formate monatlich, wöchentlich und sogar täglich zu sehr viel geringeren Kosten als heute entwickelt werden können. Große Verlage und TV-Produktionshäuser sind zusammen mit der Experimental Game GmbH dabei, erste Konzepte fürs Fernsehen und das Netz zu entwickeln. Aber auch erste Wissenschaftseinrichtungen haben ihr Interesse bekundet, so das Netzwerk der Geo- und Klimawissenschaftler vor allem am Standort Potsdam, das den Namen PROGRESS trägt, und die Berliner Charité.

Hierbei profitiert das neu gegründete Unternehmen von seiner Nähe zu den Wissenschaftsstandorten Potsdam und Berlin. Auch das Wissen der Brandenburgischen-Technischen Universität Cottbus kann hier genutzt werden. Professoren der BTU und der HFF gründeten das ITM Institut Internettechnologie und Medien e. V., das Forschung und Entwicklung an der Schnittstelle von medialen Anforderungen und technologischen Voraussetzungen leistet und unterstützt.

So wird es schon im Jahre 2013 möglich sein, kostengünstig und in kurzen Produktionszyklen auch klima- und geowissenschaftliche Inhalte in unterhaltende Spiel- und Lernkonzepte zu überführen.

Klima-Footage-Datenbank „Earth Images"

„Earth Images" ist die Idee einer Footage-Datenbank, die Bildmaterial zu den Themen der Geo- und Klimawissenschaften für Bildjournalisten und Filmemacherinnen gegen „kleines Geld" zur Verfügung stellt. Sie bietet dokumentarisches Material, Animationen, Interviewsequenzen und Bilder gegen eine Gebühr, so, wie es mit Print-Informationen und Bildern die Nachrichtenagenturen seit vielen Jahren praktizieren.

Das Alleinstellungsmerkmal ergibt sich aus der Fokussierung auf die oben genannten Querschnittsthemen und den Zugang zu den weltweit renommierten Geo- und Klimawissenschaftler/innen am Wissenschaftsstandort Potsdam. Mit der wissenschaftlichen Expertise wird gewährleistet, dass der jeweilige Zusammenhang des angebotenen Bildmaterials authentisch und wissenschaftlich valide ist, auf andere Themenkomplexe verweist und neue Zusammenhänge offenbart. Zur Erweiterung des Angebotes und zur Abgrenzung von der Konkurrenz wird das Bildmaterial mit wissenschaftlichen Hintergrundinformationen versehen.

Die Datenbank soll eine spezialisierte und umfangreiche Plattform für Content zu den Themen Geo- und Klimawissenschaften sein, durch die das themenspezifische Material den entsprechenden Zielgruppen angeboten wird. Hierbei wird auf eigenes selbst produziertes Bildmaterial sowie zur thematischen Ergänzung auf Fremdmaterial von Drittanbietern, das über eine Vermittlungsprovision zu Umsatzerlösen führt, zurückgegriffen. Um die Qualität des angebotenen Contents zu gewährleisten, wird dieser redaktionell ausgewählt, bewertet und mit Informationen ergänzt.

Die Gesellschaft ist in Vorbereitung, geeignetes Bildmaterial wird derzeit erstellt.

Climate Communication Services
Forschung, Coaching und Beratung

Das Geschäftsfeld Forschung, Beratung und Coaching zum Themenkomplex Geo- und Klimawissenschaften ist ein weites Feld.

Die in den Themenfeldern der Geo- und Klimawissenschaft tätigen Unternehmen und Organisationen stehen vor massiven interdisziplinären Herausforderungen. Kaum eine Aufgabenstellung lässt sich alleine von einem Experten bearbeiten. Sozialwissenschaftliche Fragestellungen verschränken sich mit technologischen und naturwissenschaftlichen Herausforderungen. Climate Communication Services schafft Zugang zu Wissenschaftler/innen unterschiedlicher Disziplinen, bündelt und koordiniert die erforderlichen Kompetenzen und bietet so einen beachtlichen Mehrwert. Darüber hinaus kann Climate Communication Services passgenaue Forschungs- und Förderprogramme identifizieren und das komplexe Antragswesen übernehmen.

Durch die Nähe und Einbindung von Kommunikationswissenschaftlern und Medienprofis kann diese Ausgründung neben ihren Aufgaben im Wissenschaftsmanagement eine völlig andere, aber ebenso wichtige Beratungsebene abdecken: durch speziell entwickelte und erprobte Coachingprogramme können vorhandene Kommunikations- und Medien-Defizite der Geo- und Klimawissenschaftler/

innen nachhaltig vermindert oder gar beseitigt werden. So sind Wissenschaftler/innen, aber auch Unternehmer/innen und Manager/innen, zunehmend gefordert, mit einem breiten, oft auch fachfremden Publikum zu kommunizieren. Daher wird es für sie immer wichtiger, hoch komplexe Inhalte so zu vermitteln, dass die jeweiligen Gesprächspartner überzeugt und mitgenommen werden. Im normalen Wissenschaftsbetrieb wird es darüber hinaus immer wichtiger, auch mit Unternehmen, Politikern und anderen gesellschaftlichen Akteuren zu kommunizieren.

Die dafür nötigen kommunikativen Fähigkeiten können durch persönliches Coaching optimiert werden. Allgemeine Kommunikationsberatung, Sprech- und Netzwerk-Training können entsprechend speziell für Akteure der Wissenschaftsgemeinschaft konfektioniert und angeboten werden. Unser Angebot ruht auf drei Säulen: Es geht zum einen um die Vermittlung der Grundlagen des (Selbst-) Marketings, der (Selbst-) Darstellung im Internet und um Regeln und Methoden des Netzwerkmarketings, sodann um Kenntnisse der Mediennutzungsforschung und die kompetente Anwendung und Gestaltung unterschiedlicher Medien und Medienformate. Im dritten Angebotsprofil geht es um die Mittel des Transportes ihrer Inhalte und zu kommunizierenden Nachrichten. Es geht ums Ausdruckstraining und hier besonders um sechs Bereiche:

- Der Körper und seine Außenwirkung und Präsenz.
- Das Auftreten und Benutzen des Raumes.
- Das individuelle Atemverhalten im Gespräch.
- Die entstehende Mimik und Gestik, die Rhetorik und das Sprechverhalten in der Kommunikation.
- Prinzipien des energetischen Sprechens und
- das „Sprechen im 3-D-Modell, die Nutzung der Kenntnis über das räumliche Sprechen in der Kommunikation.

Das Coaching übernehmen Marketingprofis, Medienwissenschaftler, Medienpraktiker und Schauspiellehrer.

Zur Komplettierung des Angebotes werden neben Einzeltrainings auch Gruppentrainings und Workshops angeboten.

Das Alleinstellungsmerkmal ist hier die spezielle Ausrichtung der Beratungs- und Coachingleistungen auf die bisher vernachlässigte Wissenschaftsgemeinde, vor allem die Geo- und Klimawissenschaftler/innen.

Das Coaching wird von Dozenten auf Honorarbasis realisiert und durch Gebühren der Teilnehmer/innen finanziert.

Earth Events

Die Geschäftsidee Earth Events mit dem Fokus auf Konferenzen, Messen und Informationsveranstaltungen zu den Themen Klimawandel und Naturgefahren hat sich bei den Forschungsarbeiten der Climate Media Factory ebenfalls als ein wirtschaftlich tragfähiges Handlungsfeld dargestellt. Der Geschäftsbereich will sich klar von bisher weit verbreiteten wissenschaftlichen Fachveranstaltungen abgrenzen, die in erster Linie Netzwerkveranstaltungen von Spartenwissenschaftlern sind.

Earth Events GmbH soll regional, national, aber auch international relevante Veranstaltungen zu den Themen Klima und Nachhaltigkeit im eigenen Namen anbieten, aber auch für Dritte durchführen. Im Fokus dieser Aktivitäten stehen vor allem Entscheider aus Politik und Wirtschaft und die Medien-Öffentlichkeit.

Die hier beschriebenen Berufsbilder/Studiengänge und innovativen Geschäftsmodelle sind Beispiele, die verdeutlichen sollen, dass auf die veränderten Kommunikationsanforderungen reagiert werden muss, auch und gerade in der Aus- und Weiterbildung und bei der Förderung von Gründungsunternehmen.

8 Diskussion

Ausgangspunkt der Überlegungen war die Frage nach dem Verhältnis von Wissenschaft und Gesellschaft, wobei eine der Hypothesen war, dass sich Forschungsbereiche in ihrer Bedeutung für die Gesellschaft unterscheiden und darum auch unterschiedlich wahrgenommen werden. Der notwendige Vermittlungsprozess vollzieht sich nicht nur, aber doch wesentlich, durch die Medien. Ist Wissenschaft nun also ein selbstreferenzielles System, dass sich der Rationalität der Mediengesellschaft verschließt? Oder unterliegt die Wissenschaft einem durch die Medien mit verursachten Legitimationsdruck? Folgt aus wissenschaftlicher Erkenntnis politisches Handeln? Welche Rolle spielen die Medien in dem Vermittlungsprozess zwischen Erkenntnis und Handeln gerade mit Blick auf die Klimaforschung?

Ich habe verschiedene Denkansätze der Wissenschaftssoziologie vorgestellt, wobei zunächst das Prinzip der Freiheit der Wissenschaft historisch diskutiert wurde. In modernen Verfassungsstaaten wird diesem Prinzip entsprochen durch die institutionelle Separierung eines sich selbst verantwortlichen Bereichs autonomer Wissensproduktion. Aber diese historischen und rechtstaatlichen Überlegungen dürfen nicht darüber hinwegtäuschen, dass sich Forschung und Wissenschaft heutzutage in komplizierten nationalen und zunehmend internationalen Netzwerken vollziehen. Auch aus diesem Grund steht die Frage der Freiheit der Wissenschaft nicht mehr wirklich im Zentrum des wissenschaftlichen Diskurses, unter anderem weil Nützlichkeitserwägungen an ihre Stelle getreten sind. Und auch das sog. wissenschaftliche Ethos ist als Steuerungskriterium für Forschung nicht länger relevant, war es wahrscheinlich nie. Es war, wenn überhaupt, allenfalls für die Hochzeit des deutschen Universitätssystems des 19. Jahrhunderts anerkannt. Man kann nun das sog. *Peer-review-Verfahren* als Ersatz betrachten, also die kontrollierende Bewertung der Vorstellung eines Forschungsergebnisses durch Kollegen, und zwar vor der Veröffentlichung. Dieses Verfahren ist wahrscheinlich das einzig sinnvolle und mögliche, aber es produziert ein Dilemma: Peer review ist eine hoch spezialisierte Kommunikation unter Fachleuten, und damit eine Abgrenzung von der Umwelt. Im Bereich der Geisteswissenschaften führt es zum bekannten „Soziologen-Chinesisch", dem vorgeblichen Beleg für den „Elfenbeinturm". Im Bereich der Naturwissenschaften wird dieser Vorwurf nur darum nicht laut, weil kein Laie für sich in Anspruch nimmt, Klimamodelle verstehen zu müssen; bei gesellschaftlichen Modellen oder Prozessen besteht dieser Anspruch dagegen durchaus.

Die Wissenschaft ist also eines der Teilsysteme, in die sich die Gesellschaft ausdifferenziert hat. Der Vorteil dieser funktionalen Differenzierung ist eine größere Leistungsfähigkeit durch die zunehmende Spezialisierung, der Nachteil eine relative Abgeschlossenheit und darauf folgende Kommunikationsprobleme. Die Ausdifferenzierung beschränkt sich nicht auf den Unterschied zwischen Gesellschaft und Wissenschaft, sondern auch die Wissenschaft spezialisiert sich, und zwar wie Weingart gezeigt hat, nach Disziplinen. Ich halte es für ein starkes Argument, dass Disziplinen zunächst der Ausbildung dienen und mit einem gesellschaftlich anerkannten Abschluss enden. Das ist erneut ein Moment der Abgrenzung, dem aber andererseits eine Überschreitung gegenübersteht. Denn auf einem anderen Blatt steht die Notwendigkeit zur interdisziplinären Zusammenarbeit; Grenzüberschreitung und Zusammenarbeit stehen nicht im Widerspruch zu Abgrenzung und Spezialisierung. Im PIK etwa arbeiten verschiedene Disziplinen zusammen, *weil* sie unterschiedliche Ansätze und Methoden haben. Diese Disziplinen werden auf der Ebene der gemeinsamen Problembewältigung zusammengeführt.

Abgrenzung und Überschreitung

Theoretisch stehen sich mit dem *Denkansatz Abgrenzung* und dem *Denkansatz Überschreitung* zwei Denkschulen gegenüber. Wenn man systemtheoretisch argumentiert, bedient man sich häufig des Denkgebäudes von Niklas Luhmann, der die Gesellschaft von der *Differenz* her denkt, also von der Unterscheidung der Teilsysteme der Gesellschaft voneinander. Dann gerät man unweigerlich in die Problematik hinein, das Verhältnis von System und Umwelt diskutieren zu müssen, die Koppelung der Teilsysteme usw. (*Denkansatz Abgrenzung*). Das ist ein sehr spezielles Denken, das leider in der deutschen Soziologie (Wissenssoziologie) sehr verbreitet ist. Die andere Denkschule geht von einem Zusammenwachsen von Wissenschaft und Gesellschaft aus (*Denkansatz Überschreitung*), Prominenteste Vertreter dieser Theorie sind Gibbons und Nowotny. Wissenschaft wird demnach immer stärker von Nützlichkeitserwägungen dominiert; so fördern die Bundesländer die Ansiedlung von wissenschaftlichen Instituten ausdrücklich zu Zwecken der Zusammenarbeit mit Unternehmen[124] oder in der Hoffnung auf Ausgründungen[125].

Wahrscheinlich sind Abgrenzung und Überschreitung zwei Seiten einer Medaille, und man muss unterscheiden, von welchen Wissenschaftsdisziplinen und Forschungsprojekten man redet. Hier nähern wir uns der Klimaforschung an. Ganz eindeutig ist, dass die Geistes- und Sozialwissenschaften kaum Gegenstand irgendeiner gesellschaftlichen Diskussion sind. Sie müssen sich darum nicht erklären, weil sich durch sie niemand betroffen fühlt. In ihrer Sprache („Soziologenchinesisch") mögen sie selbstreferenziell sein und ganz bestimmt in ihren elitären Publikationen – aber dieses wird nicht als politisches Problem gesehen. Es gibt darüber keinen Diskurs, und die Medien finden nur ganz selten einen Ansatzpunkt, um über sozialwissenschaftliche Forschung zu berichten.

Es wird auch selten über rechtswissenschaftliche Forschung berichtet; kaum jemand kommt auf die Idee, dass sich die Juristen für ihr Tun und ihre Thesen rechtfertigen müssten, aber ihnen kommt in unserer Gesellschaft eine ganz außerordentlich wichtige Rolle zu. Ihnen wird ein Maß an Regelungs- und Entscheidungskompetenz zugewiesen, von dem die Soziologen nur träumen können. *Was unterscheidet dann aber eine naturwissenschaftliche Erkenntnis, dass sich die Erde erwärmt, von einem rechtswissenschaftlichen Argument?* Es muss da also einen Grund geben, warum die unterschiedlichen Disziplinen der Wissenschaft unterschiedlich bewertet werden. Das nennen die Fachleute den *epistemischen Kern* der Wissenschaft.

Es sind besonders die Natur- und hier die Lebenswissenschaften, die misstrauisch beäugt werden. In aller Regel sind es dann aber Sozialwissenschaftler/innen, welche sich zur Rolle der Lebenswissenschaften äußern. Ganz offensichtlich gibt

---

124 Am 25. Januar 2010 gab beispielsweise Sachsens Wissenschaftsministerin Sabine von Schorlemer bekannt: „Starke öffentlich finanzierte Forschung hilft, fehlende Forschungs- und Entwicklungskapazitäten der Unternehmen zu kompensieren. Wissens- und Technologietransfers sind wichtig, damit die Wirtschaft im globalen Innovationswettbewerb bestehen kann." Der Freistaat lobt darum 127,5 Mio. € Forschungsförderung aus. (Leipziger Volkszeitung Nr. 20 vom 25. 1. 20010, S. 1.)

125 Alexander Knuth: Gründungsnetzwerke im Wissenschafts- und Hochschulbereich. Wiesbaden 2008 (Gabler).

es einen Unterschied der Wahrnehmung der Welt zwischen *scientists* und *literary intellectuals*. Sie betrachten einander nicht nur verschieden, über sie wird auch verschieden berichtet. Die Frage der unterschiedlichen Qualität von naturwissenschaftlicher und geisteswissenschaftlicher Forschung und die unterschiedliche Wahrnehmung dieser beiden Denkwelten durch das Volk ist schwierig zu beantworten.

Eine Antwortmöglichkeit scheint mir im *Modell der Wissenskulturen* zu liegen. In einem gedachten Koordinatensystem könnte die vertikale Y-Achse die zunehmende Interdisziplinarität eines Forschungsthemas darstellen; in der horizontalen X-Achse wäre die gesellschaftliche Relevanz abgebildet. Das entspräche der *Republic of Science* einerseits und *Science in Context* andererseits. Im Scheitelpunkt links des stark vereinfachten und nur dem Argument dienenden Koordinatensystems sehen wir zum Beispiel das Forschungsthema „Die grammatische Struktur der Gedichte von Goethe" – ein Thema ohne Außenwirkung, dass man alleine mit einem Bleistift in der Bibliothek bewältigen kann. Über die Erfindung neuer Zahnfüllungen liest man nur in der Apothekenrundschau, ansonsten verbleibt das Thema in der Welt der Spezialisten.

Abbildung 2 Koordinatensystem Wissenskulturen

Wo in diesem Denkmodell ordnet sich die Klimaforschung ein – stärker bei den Spezialisten und damit notwendigerweise relativ abgeschlossen, oder stärker bei der Gesellschaft mit dem Anspruch, Erkenntnisse zu kommunizieren? In der Vertikalen ist die Befassung mit einem Thema eine andere als in der Horizontalen, nämlich fachlich-rational, in der Horizontalen zunehmend medienvermittelt diskursiv. Die Notwendigkeit einer Kommunikation nimmt zu, und zwar im Sinne eines *policy-science interface*. Je weiter man sich in der *Republic of Science* auf der Y-Achse nach oben bewegt, umso mehr muss *technisch etwas erklärt* werden. Das ist auch für die mediale Behandlung ein großer Unterschied, sozusagen zwischen einem Fachmagazin und einer Talkshow mit Politikern und Ethikern. Das Modell der Wissenskulturen muss ergänzt werden um die Problematik *Nachrichtenfaktor* im Handeln von Journalisten. Legt man die Kriterien Zeit, Nähe, Status, Dynamik, Valenz und Identifikation an, so steht es ganz ausgesprochen schlecht um den Nachrichtenwert des Themas Klimawandel: Schlechter Nachrichtenwert und sehr komplizierte und komplexe Einordnung in das Modell der Wissenskulturen!

Es scheint mir ganz außerordentlich schlüssig zu sein, mit Reusswig zwischen einem alten und einem neuen Klimadiskurs zu unterscheiden. Der Klimawandel hat eine Doppelnatur, nämlich als messbares Phänomen und als soziale Konstruktion. Der alte Klimadiskurs befasste sich stärker mit der Erdsystemanalyse, mit Klimamodellierung usw. und würde demnach der *Republic of Science* näher stehen. Dieser Diskurs war getragen von Naturwissenschaftlern und Umweltspezialisten. Bei dem neuen Klimadiskurs geht es um eine Entscheidungsunterstützung, um Beratung für politische Handlungen und damit zunehmend um *Science in Context*. Es geht dann also nicht (mehr) um das Erklären einer Technik oder eines Verfahrens; die Klimamodelle versteht sowieso kaum jemand. Es geht um Problemdefinition, die Ursachenzuschreibung, Lösungsmöglichkeiten, Legitimation, Partizipation, Betroffenheit, Schuldzuschreibungen usw. (*Framing*).

Es ist ein völlig falscher Denkansatz zu glauben, aus wissenschaftlicher Erkenntnis müsse (politisches) Handeln folgen. Dieses Denken vertritt in der Literatur auch niemand ernsthaft. Vielmehr tritt man für Beteiligung, Aufklärung, Diskussion und Beratschlagung ein. Man ist der Meinung, dass eine wachsende *Laienbewegung* sich für den Klimaschutz engagieren wird, obwohl die Menschen wissenschaftlich gesehen gar nicht verstehen, warum sie dies tun. In diesem Sinne ist ein allgemeines Umweltbewusstsein auch wichtiger als spezielles Klimawissen.

Für ein klimafreundliches Verhalten besteht oft eine Handlungsbereitschaft, aus der aber nicht unbedingt ein Handeln folgt. Hierfür gibt es verschiedene psychologische aber auch interessengeleitete Gründe. Für viele Menschen ist der Klimawandel zeitlich und räumlich noch zu weit weg, um ein direktes Betroffenheitsgefühl auszulösen, und Bequemlichkeit und Kosten wirken handlungshemmend. Die Umweltpsychologie scheint mir für das Projekt *Climate Media Factory* sehr bedeutsam zu sein, ich sehe den Bezug in der *Rolle der Medien für eine umweltpsychologische Intervention.*

An die psychologischen Befindlichkeiten der Menschen schließt sich die Frage der Verantwortung und der Ethik eines umweltbewussten Verhaltens an. Verantwortung ist das Einstehen für die Folgen des eigenen Handelns. Aber diese Folgen liegen weit in der Zukunft, und ich bin ja auch nicht der einzige, der sich Umwelt schädigend verhält, also *nicht* handelt. Beinahe interessanter als die Verantwortung auf individueller Ebene ist die Frage, ob *Institutionen und Organisationen* Verantwortung für die Umwelt tragen können. Es ist ja wichtig, ob man Individuen oder kollektive Akteure medial anspricht. Und hier kann man zu dem Ergebnis kommen, dass moderne Gesellschaften immer mehr von *kollektiver Verantwortung* leben, da sie als Träger moralischer Diskurse besser geeignet sind und da ihr rational-strategisches Potenzial sogar eine erhöhte Verantwortlichkeit bedeuten kann. Wenn man diesen Gedanken vertieft, bedeutet dies: wir brauchen eigene Medienformate für Organisationen!

Viel Aufmerksamkeit habe ich dem Politics-Aspekt von Klimaforschung gewidmet, also den politischen Handlungsfolgen, den Möglichkeiten und Grenzen für Veränderung. Die Literatur wird bestimmt von der Darstellung von Interessenkonstellationen, Handlungsrationalitäten, institutionellen Restriktionen, Zielkonflikten usw. Das Fazit ist nicht optimistisch.

Die Expertenkommission der Bundesregierung spricht von der Notwendigkeit einer Großen Transformation, sogar von einem Gesellschaftsvertrag. Der Begriff der Transformation geistert durch viele Bereiche der sozialwissenschaftlichen Literatur. In ihm spiegelt sich die Hoffnung auf Veränderung, die aber irgendwie ergebnisoffen sein soll, sie wird als Prozess gedacht, weil man eine Vision nicht mehr hat. Wahrscheinlich ist das schrittweise Verfolgen eines (manchmal bescheidenen) Policy-Mixes in der Tat die richtige, ja die einzig mögliche Vorgehensweise. Für die Entwicklung von Medienformaten bedeutet dies auch, dass jedes Element dieses Mixes beobachtet und medial aufbereitet werden müsste.

Auf einer höheren Ebene bewegt sich die internationale Klimapolitik. Hier kann im Ergebnis folgendes festgehalten werden:

- In der Konstruktion und in der Arbeitsweise des Weltklimarates IPCC spiegelt sich die Komplexität der Klimaproblematik institutionell wider.
- Nur die Arbeitsgruppe 1 der Modellierer hat eine gewisse Reputation erreicht. In den beiden anderen Arbeitsgruppen, die sich mit Folgen und Empfehlungen beschäftigen, schlagen Interessengegensätze durch, die sich gegenseitig hemmen.

- Es fehlen funktionierende globale Governance-Strukturen, um zu einer Lösung für den Klimawandel zu kommen.
- Der Weltklimarat ist eine Hybrid- oder Grenzorganisation zwischen Wissenschaft und Politik. Aber die Ansicht, ein Konsens unter Klimawissenschaftlern könne die Lösung für die Klimaproblematik bieten, ist gescheitert. Auch die Nicht-Regierungsorganisationen bieten keinen Ersatz.

Meine vorstehenden Ausführungen endeten mit den Pionieren des Wandels. Die hierunter zu verstehenden Initiativen sind eigentlich weitgehend bekannt. Aber es muss betont werden, dass alle Analytiker der Klimapolitik die Notwendigkeit von Diskussion, Beteiligung der Zivilgesellschaft, Einbindung des Potenzials von Laien, Vernetzung von Initiativen fordern. Man redet hier vom *aktivierenden Staat*.

Insofern kann es bei der Wissenschaftskommunikation nicht nur darum gehen, wissenschaftliche Erkenntnisse zu vermitteln; das ist ein verkürztes Denken. Sondern man sollte überlegen, wie man durch geeignete Formate und Inhalte Menschen aktiviert, ihnen hilft, sich selbst bewusst zu werden, Gruppen bildet und Netzwerke. Wissen ist nichts ohne Wissende, und Wissen verbreitet sich nur durch Handelnde. Es muss ein gesellschaftlicher Entwicklungsprozess medial begleitet werden.

Hier kommt uns entgegen, dass digitale Netzwerke in der Mitte der Gesellschaft angekommen sind, das Internet und seine Möglichkeiten stehen daher im Mittelpunkt einer notwendigen Formatentwicklung. Über Handys und Smart-Phones verfügen alle Kinder und Jugendlichen ab dem 10. Lebensjahr, je ein Viertel der Jugendlichen zwischen 12 und 25 Jahren sind Gamer (25 %) und digitale Netzwerker (24 %) mit stark steigender Tendenz. Ein gutes Drittel ist im Netz als Multi-User unterwegs.[126] Vielleicht wird es den einen oder anderen verblüffen, dass 57 % der jungen Zielgruppe den Klimawandel als für sie bedrohlich empfinden,[127] und 82 % von ihnen zustimmen, dass es für alle gültige moralische Maßstäbe geben müsse, da unsere Gesellschaft sonst nicht funktionieren könne.[128]Es kommt darauf an, über die neuen Verbreitungsmedien Zugang zu ihnen zu finden und entsprechende Formate zu entwickeln. Die *Climate Media Factory* hat hier sehr erfolgreich Beispiele entwickelt.

---

126 16. Shell-Jugendstudie 2010, S. 105.
127 Ebd., S. 119.
128 Ebd., S. 214.

9   Thesen

1. Wissenschaft ist eines der Teilsysteme, in die sich unsere Gesellschaft ausdifferenziert hat, und die Grenzen zwischen den Teilsystemen sind nur schwer zu überschreiten. Spezialsprachen, methodische Spezialisierung und relative Abgeschlossenheit von Wissenschaft behindern oft die Kommunikation und Interaktion mit anderen Gruppen der Gesellschaft und lassen den Eindruck entstehen, Wissenschaft vernachlässige ihre gesellschaftliche Verantwortung. Die operationale Geschlossenheit selbstreferenzieller Systeme ist aber in einem hohen Maße identitätsfördernd und steigert die Effizienz des Systems, muss daher differenziert gewürdigt werden.

2. Es gibt Wissenschaftsbereiche, die hinsichtlich ihrer Themensetzung und Methodenwahl stärker an die gesellschaftliche Umwelt gekoppelt sind. Das wird für die sog. Lebenswissenschaften (Biowissenschaften) behauptet, es gilt aber ganz sicher auch für die Klimawissenschaft, *die Überlebenswissenschaft*.

3. Forschung und Innovation sind noch kein Grund, von einer Wissensgesellschaft zu sprechen. Erstens ist die begründende Vernunft als Maßstab nur in Teilen der Gesellschaft existent, z.B. in einigen Forschungsinstituten; zweitens werden weder die Wissenschaftler zu einer dominierenden sozialen Schicht noch die wissenschaftliche Rationalität zu einer den Alltag bestimmenden Denkform. Wissen ist nur durch konkrete Nutzung in sozialen Zusammenhängen wertvoll. Wissen, das Kapital bindet und Arbeit schafft, hat einen hohen Nutzen für die Gesellschaft und sichert die Legitimation für ihren Aufwand.

4. In unserer wettbewerbsorientierten und um die Schaffung von Arbeitsplätzen bemühten Gesellschaft sind Staat, Universitäten und Unternehmen schon lange strategische Partnerschaften eingegangen, und das ist auch richtig so.

5. Die Wissenschaft versucht auch von ihrer Seite her, in die Öffentlichkeit zu wirken. Vor allem will sie ihren Nutzen beweisen, um weiter Unterstützung zu bekommen. Wer etwas Praktisches vorweisen kann, ist dabei klar im Vorteil. Für die Grundlagenforschung und die Geisteswissenschaften ist das ein Problem.

6. Wenn wir über Wissenschaftskommunikation sprechen, müssen wir den Unterschied zwischen Natur- oder Geisteswissenschaften im Blick haben. Häufig geht es um die Auswirkungen von naturwissenschaftlichen Erkenntnissen auf die Gesellschaft; in diesem Falle fällt den Geisteswissenschaften die beobachtende Rolle zu, sie selbst sind nur selten Gegenstand der Betrachtung.

7. Während sich also die Wissenschaft ausdifferenziert und durch operationale Geschlossenheit von der Gesellschaft auch weiterhin separiert, folgen die Massenmedien zunehmend einer Rationalität, die mit den Zielen der Wissenschaft wenig gemein hat. Es ist schwer, die Kriterien „Nachrichtenwert" und „Unterhaltungsbedürfnis" mit wissenschaftlichen Fragestellungen zu vereinbaren. Wer aber eine neue „Kultur der Wissenschaftskommunikation" für erforderlich hält, die die ganze Bandbreite gesellschaftlicher Gruppen im Sinne einer „Scientific Citizenship" einbezieht, muss dies als besondere Herausforderung annehmen.

8. Das Modell der Wissenskulturen scheint ein fruchtbarer Denkansatz zu sein, um den Zusammenhang zwischen Klimaforschung und Öffentlichkeit zu verstehen. Als spezifisch naturwissenschaftliches Thema mit komplizierten Methoden ist Klimaforschung der Wissenskultur *Republic of Science* zuzurechnen, ihrem gesellschaftlichen Anspruch nach jedoch der Wissenskultur *Science in Context*. Diese Diskrepanz führt zu Vermittlungsproblemen, die es zu lösen gilt.

9. Der Beirat der Bundesregierung betont besonders die Partizipationsmöglichkeiten im gestaltenden Staat. Auch in der Literatur wird die Ansicht vertreten, dass die Idee des Umweltschutzes und der Kampf gegen den Klimawandel von engagierten Laien voran getragen werden muss. Dies entspricht einer medienvermittelt diskursiven Begleitung eines gesellschaftlichen Prozesses (*Framing*).

10. Die sog. „Pioniere des Wandels" müssen als Zielgruppe(n) näher in den Fokus wissenschaftlicher Betrachtung rücken. Es geht um eine differenzierte Bestimmung vorhandener und möglicher Akteure, Akteursgruppen und Organisationen, ihre politisch-gestaltenden Möglichkeiten, ihre eigene mediale Erreichbarkeit und das Angebot einer wirksamen Unterstützung ihrer Aktivitäten durch Medien in die Gesellschaft hinein. Zwei Zielgruppen, denen sehr viel mehr Beachtung geschenkt werden muss, seien hier explizit genannt.

11. Unternehmer/innen und Politiker/innen (auch und gerade aus Entwicklungs- und Schwellenländern) sollten mit deutlich größeren Anstrengungen als Pioniere gewonnen werden. Diesen Zielgruppen muss (mit Hilfe beeindruckender Dokumentationen) sehr viel deutlicher werden, dass mit ökologisch nachhaltigen Geschäftsideen sehr große Profite zu erzielen sind und zugleich gesellschaftliche Verantwortung bewiesen und Anerkennung erreicht werden können.

12. Kinder und Jugendliche sind geborene „Pioniere des Wandels". Sie werden durch „ihre Medien" verstärkt sozialisiert und stehen Werten (serious content) offen gegenüber, beeinflussen ihre Umgebung und können den Wandel mehr als andere vorantreiben. Auch wenn die Medienwirkungsforschung Potenziale

von Verhaltensänderungen auf unterschiedliche Sozialisierungsparameter bezieht, erkennt sie doch zweifelsfrei an, dass Medien erheblich und zunehmend
zur Sozialisierung von Kindern und Jugendlichen beitragen. Daher ist es besonders wichtig, auch Klimathemen früh in den Medien zu thematisieren und
anzubieten, die Kinder und Jugendliche bevorzugt nutzen. Dazu gehören vor
allem das Internet, Games und mobile Kommunikationstechnologien.

13. Pauschale Vorurteile gegen das Medium „Game" werden der gesellschaftlichen Bedeutung und der Möglichkeiten dieses Mediums in keiner Weise
gerecht. Das „spielerische Lernen" ist die Alternative zum Frontalunterricht
und ermöglicht auch neue Formen der Gruppenarbeit. Selbst bildungsfer-
ne Schichten werden so wieder erreichbar für sinnvolle Inhalte. Durch den
spielerischen Charakter des Lernens bei Games mit seriösen Inhalten (serious games) tritt der rein sachliche Lerncharakter zurück, der Spaß am
Lernen tritt in den Mittelpunkt. Zum bloßen Lerninhalt tritt hinzu die interessante Geschichte („Storyline"), die visuellen und akustischen Erlebens-
welten und die Möglichkeiten der Partizipation. Die Freude des Spielens
lässt die anfänglich extrinsisch gelegene Motivation in eine intrinsische
Motivation übergehen – der Spieler tut etwas um seiner Selbst willen und
hat Spaß dabei.

14. Mit dem Internet und den sog. „Social Communities" sind völlig veränderte
Kommunikationsmuster entstanden. Diese Entwicklung führt zu relevanten
Kontrollverlusten der PR. Zum anderen werden Nachrichten nicht mehr nur
„konsumiert", sondern finden ihre Zielgruppen und das eigene Netzwerk ent-
scheidet über die Relevanz eines Themas. Das erfordert für die Wissenschaftskommunikation neue Recherchetechniken, interaktive Formate und neue Formen der Distribution.

15. Die mobilen Verbreitungstechnologien sind Herausforderung und Chance zugleich. Das „überall und immer kommunizieren können", führt zu häufiger
situationsbedingter Wissensnachfrage, aber auch zur Notwendigkeit kurzer
Medienformate, die der Überbrückung in Tagesabläufen und der Ablenkung
von Situationen dienen (z. B. in der S-Bahn). Neue Formate müssen diesen
Anforderungen genügen.

16. Die Komplexität wissenschaftlicher Erkenntnisse muss je nach Zielgruppe
der jeweiligen Medienformate so reduziert werden, dass die barrierefreie Auf-
nahme gewährleistet ist. Es geht um die Bereitstellung von Medien mit unterschiedlicher Komplexität und interaktiven Möglichkeiten des Verstehens und
Gestaltens, um sehr heterogene Zielgruppen erreichen zu können (complexity
on demand).

17. Die Transformation (klima-)wissenschaftlicher Erkenntnisse in alle Gruppen der Gesellschaft vor dem Hintergrund stark diversifizierter Verbreitungsmedien und Formate bedarf eines neuen Typus von Wissenschaftsredakteuren und Medienproduktionsunternehmen, die sowohl über die jeweilige wissenschaftliche Expertise verfügen, als auch über medienästhetische und digitalnarrative Kompetenz, um dem Anspruch der sehr unterschiedlichen Verbreitungstechnologien gerecht werden zu können.

18. Es müssen entsprechend ausgerichtete qualifizierende Studiengänge für Journalisten, Medienproducer, aber auch für Fachwissenschaftler/innen aufgebaut und angeboten werden. Der Beruf des Wissenschaftsredakteurs muss eine neue Ausrichtung und Dimension erfahren. Wissenschaftskommunikation wird sich als natürlicher Teil des Berufsbildes „Wissenschaftler" etablieren und langfristig auch karriererelevant werden.

19. In den Hochschuleinrichtungen zur Förderung von Ausgründungen sollten Gründungsideen und Modelle dieser Ausrichtung initiiert und besonders in den Gründungs-Förderprogrammen der EU, des Bundes und der Länder Berücksichtigung finden.

20. Das Beharrungsvermögen vieler wissenschaftlicher Einrichtungen, ganz überwiegend selbstreferenziell oder aber mit gewohnten Medien zu arbeiten, ist überdurchschnittlich hoch. Es bedarf eines „systemischen Wandels". Auch wenn viele Experten befürchten, Kommunikation und Fördergelder zu koppeln, würde zu „amerikanischen Verhältnissen" führen und zu kaum zielführenden Kettenreaktionen, sollten Regierungen und öffentliche wie private Forschungsförderer durchaus ernsthaft erwägen, einen angemessenen Teil des Fördervolumens wissenschaftlicher Forschung für die externe Kommunikation verbindlich vorzusehen, die wiederum nicht von den Forschungseinrichtungen selbst, sondern von den beschriebenen neuen Medienhäusern und speziell ausgebildeten Redakteuren umgesetzt werden sollte, es sei denn, die Forschungseinrichtungen selbst könnten nachweisen, ihre Mitarbeiter/innen entsprechend den neuen Anforderungen qualifiziert zu haben.

21. Die Weiterbildung und Qualifizierung bedeutender Zielgruppen im Kampf gegen die bedrohlichen Auswirkungen des Klimawandels muss ebenfalls eine andere Qualität bekommen:

+ Die völlig neuen Anforderungen an die Wissenschaftskommunikation, die weit über das Abfassen und Platzieren von Nachrichten/Informationen hinausgeht, wird spezielle Coaching-Angebote für kommunizierende Wissenschaftler erfordern.

+ Aber auch neue Formen des Lernens und Qualifizierens werden weiter entwickelt und umgesetzt werden müssen. (z. B. smart teaching und smart learning)

Die unterschiedlichen Phasen der Wissenschaftskommunikation bekommen eine neue Dimension. In den 50er Jahren galt es zunächst, positiv besetzte Utopien zu kommunizieren, dann wurde versucht, auch Laien Wissenschaft nahe zu bringen, aber meist lehrbuchartig mit dem Ziel der „Aufklärung". Die Technologiefeindlichkeit der deutschen Bevölkerung, nicht zuletzt durch die Kernenergie ausgelöst, führte zur Notwendigkeit vertrauensbildender Wissenschaftskommunikation. „Und doch besteht dieser Dialog auch 12 Jahre nach dem ´PUSH-Memorandum´ bei näherem Hinsehen meist nur aus einer Einwegkommunikation, die von personell aufgerüsteten Pressestellen an Hochschulen, Instituten und Unternehmen gespeist wird". (Gerber, S. 9)

In den nächsten Jahren wird sich Klimakommunikation (und Wissenschaftskommunikation insgesamt) vom Informieren zum interaktiven Dialog weiterentwickeln müssen, und unter Einbeziehung aller relevanten gesellschaftlich Zielgruppen vom Begreifen zum Staunen und Begeistern.(Gerber, aaO) Dieses Ziel aber erfordert mehr als nur neue Medienformate und Anpassung an die neuen Verbreitungstechnologien, es muss zu einem gelebten Umdenken kommen in Richtung einer (auch digitalen) Wissens- und Kommunikationskultur „Science in Context", wie beschrieben. Wer sich dieser Entwicklung verschließt, wird sich sehr schnell mit erheblichen Legitimationsproblemen konfrontiert sehen, weil es zunehmend schwieriger wird, mit „statischen Kommunikationsformen" die Adressaten – egal welche - bei einem gleichzeitigen Überangebot „bewegter, interaktiver und ansprechender Informationen überhaupt zu erreichen. Das Aufmerksamkeitspotenzial ist inzwischen zu gering, um auf zeitgemäße Formen und Formate verzichten zu können. Der moderne Konsument ist täglich mehreren 1.000 Botschaften ausgesetzt und leidet an akuter Informationsüberflutung. Der Anteil nicht beachteter Informationen liegt heute bei über 95 %, mit steigender Tendenz, wie auch Aufmerksamkeitsforscher bestätigen (www.morebrains.de)

Mit dem Forschungs- und Entwicklungsprojekt „Climate Media Factory" haben die Bundesregierung, das PIK Potsdam Institut für Klimafolgenforschung und die HFF Hochschule für Film und Fernsehen „Konrad Wolf" Potsdam-Babelsberg einen wichtigen Anfang gesetzt. In einer weltweit einzigartigen Konstellation aus Klimaforschern, Medienwissenschaftler/innen und Medienschaffenden wurden Gründe für Kommunikationsdefizite evaluiert und Medienvoraussetzungen beschrieben (Beitrag Florian Krauß), aber auch neue Medienformate mit internationalem Anspruch entwickelt und nicht zuletzt Studiengänge und mögliche

Geschäftsmodelle entworfen und mit Curricula bzw. Businessplänen unterlegt. Die über zwei Jahre dauernde interdisziplinäre Zusammenarbeit hat nicht nur zu sehr viel mehr Verständnis der Beteiligten geführt, sondern über unterschiedliche Interessenlagen hinweg gemeinsam Anforderungen für eine veränderte Klimakommunikation definiert und neue Instrumente und Formate entwickelt. Diese Form der interdisziplinären Forschung und Entwicklung muss unbedingt fortgeführt und auf weitere Partner ausgedehnt werden.

Literatur

Vanessa Aufenanger: Geschlechtergerechtigkeit – Warum Gender bei der Betrachtung des Klimawandels und der Energiepolitik eine Rolle spielt. In: Vanessa Aufenanger / Nele Friedrichsen / Stephan Koch (Hrsg.): Gerechtigkeit und Verantwortung in der Klima- und Energiepolitik. Münster 2010 (Mansenstein), S. 39 – 48.

Riccardo Bavaj: Die Ambivalenz der Moderne im Nationalsozialismus. Eine Bilanz der Forschung. München 2003 (R. Oldenbourg Verlag).

Silke Beck: Das Klimaexperiment und der IPCC. Schnittstellen zwischen Wissenschaft und Politik in den internationalen Beziehungen. Marburg 2009 (Metropolis-Verlag).

Heinz Bonfadelli, Thomas N. Friemel: Medienwirkungsforschung, 4. Auflage, Konstanz und München 2011 (UVK UTB)

Josef Bordat: Ethik in Zeiten des Klimawandels. In: Voss 2010, a.a.O., S. 189 – 204.

Stefan Böschen / Ingo Schulz-Schaeffer (Hrsg.): Wissenschaft in der Wissensgesellschaft. Wiesbaden 2003 (Westdeutscher Verlag).

Stefan Böschen: Wissenschaft und Gesellschaft. In: Rainer Schützeichel (Hrsg.): Handbuch Wissenssoziologie und Wissensforschung. Konstanz 2007 (UVK Verlagsgesellschaft), S. 751 – 763.

Stefan Böschen / Peter Wehling: Wissenschaft zwischen Folgenverantwortung und Nichtwissen. Aktuelle Perspektiven der Wissenschaftsforschung. Wiesbaden 2004 (Verlag für Sozialwissenschaften).

Jobst Conrad: Sozialwissenschaftliche Analyse von Klimaforschung, -diskurs und –politik am Beispiel des IPCC. In: Voss (Hrsg.) 2010, a.a.O., S. 101 – 115.

Deutsche Forschungsgemeinschaft: Vorschläge zur Sicherung guter wissenschaftlicher Praxis. Empfehlungen der Kommission „Selbstkontrolle in der Wissenschaft". Denkschrift. Weinheim 1998 (Wiley-VCH).

Deutscher Historikertag 1994: Bericht über die 40. Versammlung Deutscher Historiker in Leipzig, 28. Bis 1. Oktober 1994. Leipzig 1995 (Leipziger Universitätsverlag).

Frank Dittmann: Kybernetik in der DDR – eine Einstimmung. In: Frank Dittmann / Rudolf Seising (Hrsg.): Kybernetik steckt den Osten an. Aufstieg und Schwierigkeiten einer interdisziplinären Wissenschaft in der DDR. Berlin 2007 (trafo Verlag), S. 13 – 42.

Andreas Ernst: Ökologisch-soziale Dilemmata. In: Lantermann / Linneweber 2008, a.a.O., S. 377 – 414.

Alexander Gerber, Trendstudie, Vorhang auf für Phase 5, Chancen, Risiken und Forderungen für die nächste Entwicklungsstufe der Wissenschaftskommunikation, Berlin 2011 (edition innovare)

Geplante Wissenschaft. Eine Quellenedition zur DDR-Wissenschaftsgeschichte 1945 – 1961. Eingeleitet, kommentiert und herausgegeben von Andreas Malycha. (Beiträge zur DDR-Wissenschaftsgeschichte Reihe A / Band 1, o.O. 2003 (Akademische Verlagsanstalt), S. 7 – 86.

Michael Gibbons: The Production of Knowledge, 1994.

Niels Gottschalk-Mazowz: Was ist Wissen? Überlegungen zu einem Komplexbegriff an der Schnittstelle von Philosophie und Sozialwissenschaft. In: Sabine Ammon / Corinna Heineke / Kirsten Selbmann (Hrsg.): Wissen in Bewegung. Vielfalt und Hegemonie in der Wissensgesellschaft. Weilerswist 2007 (Velbrück Wissenschaft), S. 21 – 40.

Jutta Gruber-Mannigel/Thomas Pyhel/Kathrin Wiener, „…uuund Action!“, Medienorientierte Umweltkommunikation für Kinder und Jugendliche, München 2010 (oekom)

Reiner Grundmann / Nico Stehr: Die Macht der Erkenntnis. Berlin 2011 (suhrkamp).

Lothar Hack: Wissensformen zum Anfassen und zum Abgreifen. Konstruktive Formationen der „Wissensgesellschaft" respektive des „transnationalen Wissenssystems". In: Bittlingmayer / Bauer 2006, a.a.O., S. 109 – 172.

Helmut Holzley: Natur- und Geistswissenschaften – zwei Welten? In: Helmut Reinalter (Hrsg.): Natur- und Geisteswissenschaften – zwei Kulturen? Innsbruck 1999 (Studienverlag), S. 21 – 54.

Andreas Homburg / Ellen Matthies: Umweltpsychologie. Umweltkrise, Gesellschaft und Individuum. Weinheim / München 1998 (Juventa-Verlag); Rudolf Miller: Umweltpsychologie. Eine Einführung. Stuttgart usw. 1998 (Kohlhammer).

Mario Kaiser und Sabine Maasen: Wissenschaftssoziologie. In: Georg Kneer / Markus Schroer (Hrsg.): Handbuch Spezielle Soziologien. Wiesbaden 2010 (Verlag für Sozialwissenschaften), S. 685 – 705.

Alexander Knuth: Gründungsnetzwerke im Wissenschafts- und Hochschulbereich. Wiesbaden 2008 (Gabler).

Carsten Könneker, Wissenschaft kommunizieren, Ein Handbuch mit vielen praktischen Beispielen, Weinheim 2012 (Wiley-VCH Verlag)

Otto Krätz: Alexander von Humbold. Wissenschaftler – Weltbürger – Revolutionär. München (Callweg) 2000,

Michael Kunczik / Astrid Zipfel: Publizistik. Köln, Weimar, Wien (2)2005.

Ernst-Dieter Lantermann / Volker Linneweber (Hrsg.): Enzyklopädie der Psychologie. Grundlagen, Paradigmen und Methoden der Umweltpsychologie. Göttingen 2008 (Hogrefe).

Daniel Lenz: Klimafaktor Mensch. Welche Rolle spielt der Mensch wirklich beim Klimawandel? Ohne Ort 2011 (novum pro).

Konrad Paul Liessmann: Theorie der Unbildung. Die Irrtümer der Wissensgesellschaft. Frankfurt/M. 2006.

Niklas Luhmann: Die Wissenschaft der Gesellschaft. Darmstadt: Wissenschaftliche Buchgemeinschaft 2002, (1. Aufl. 1990).

Klaus-Dieter Müller, Wolfgang Flieger, Jörn Krug: Beratung und Coaching in der Kreativwirtschaft, Stuttgart 2011 (Kohlhammer)

Helga Nowotny / Peter Scott / Michael Gibbons: Wissenschaft neu denken. Wissen und Öffentlichkeit in einem Zeitalter der Ungewissheit. Weilerswist 2009 (Velbrück Wissenschaft).

Rainer Ostermann: Die Freiheit des Individuums. Eine Rekonstruktion der Gesellschaftstheorie Wilhelm von Humboldts, Frankfurt a. M. / New York (Campus) 1993.

Peer Pasternack: Hochschule & Wissenschaft in der SBZ / DDR / Ostdeutschland 1945 –
1995. Annotierte Bibliographie für den Erscheinungszeitraum 1990 – 1998. Weinheim
1999 (Deutscher Studienverlag).
K. Ludwig Pfeiffer: Vertreibung des Geistes – Deutsche Fallstudien zur Selbstdemontage
Alteuropas. In: Rainer Geißler / Wolfgang Popp (Hrsg.): Wissenschaft und Nationalsozialismus. Eine Ringvorlesung an der Universität-Gesamthochschule-Siegen. Essen
1988 (Verlag Die blaue Eule), S. 79 – 101.
Fritz Reusswig: Klimawandel und Gesellschaft. Vom Katastrophen- zum Gestaltungsdis-
kurs im Horizont der postkarbonen Gesellschaft. In: Voss 2010, a.a.O., S. 75 – 97.
Jonas Rest: Grüner Kapitalismus? Klimawandel, globale Staatenkonkurrenz und die Ver-
hinderung der Energiewende. Wiesbaden 2011 (Verlag für Sozialwissenschaften).
Mike S. Schäfer :Wissenschaft in den Medien. Die Medialisierung naturwissenschaftlicher
Themen. Wiesbaden 2007 (Verlag für Sozialwissenschaften).
Kurt Scharr (Hrsg.): Vom euphorischen Aufbruch in die Realität des Alltags. 1989 – 2010:
Zwie Jahrzehnte Transformationsforschung. Innsbruck 2012 (Univ. Press).
Michael Schenk: Medienwirkungsforschung, 3. Auflage, Tübingen 2007 (Mohr Siebeck)
Clemens Schwender, Werner F. Schulz und Martin Kreeb (Hg.): Medialisierung der Nach-
haltigkeit, Marburg 2008, (metropolis)
16. Shell-Jugendstudie 2010.
Six, Gleich, Gimmler (Hrsg.): Kommunikationspsychologie und Medienpsychologie,
Weinheim, Basel 2007 (BeltzPVU)
C. P. Snow: Die zwei Kulturen. Literarische und naturwissenschaftliche Intelligenz. Stutt-
gart 1967 (Klett).
Helmut F. Spinner: Die Wissensordnung. Ein Leitkonzept für die dritte Grundordnung
des Informationszeitalters. Opladen 1994 (Leske + Budrich).
Werner Thieme: Deutsches Hochschulrecht. Das Recht der Universitäten sowie der künst-
lerischen und Fachhochschulen in der Bundesrepublik Deutschland. München, Köln
Berlin 2004 (Carl Heymann Verlag).
Barbara Unmüßig: NGOs in der Klimakrise, Fragmentierungsprozesse, Konfliktlinien
und strategische Ansätze. In: Achim Brunnengräber (Hrsg.): Zivilisierung des Klima-
regimes. NGOs und soziale Bewegungen in der nationalen, europäischen und interna-
tionalen Klimapolitik. Wiesbaden 2001 (Verlag für Sozialwissenschaften), S. 45 – 57.
VENRO: Anforderungen an eine gerechte und nachhaltige Klimapolitik. Positionspapier
5/2009 zu den Folgen des Klimawandels aus entwicklungspolitischer Sicht. Bonn 2009.
Martin Voss (Hrsg.): Der Klimawandel. Sozialwissenschaftliche Perspektiven. Wiesbaden
2010 (Verlag für Sozialwissenschaften).
Melanie Weber: Alltagsbilder des Klimawandels. Zum Klimabewusstsein in Deutschland.
Wiesbaden 2008 (Verlag für Sozialwissenschaften).
Wege der Wissenschaft im Nationalsozialismus. Dokumente zur Universität Jena, 1933 –
1945. Quellen und Beiträge zur Geschichte der Universität Jena. Herausgegeben von Jür-
gen John und Helmut G. Walter, Band 7. Stuttgart 2007 (Franz Steiner Verlag).
Peter Weingart: Die Stunde der Wahrheit? Zum Verhältnis der Wissenschaft zu Politik,
Wirtschaft und Medien in der Wissensgesellschaft. Weilerswist 2005 (Velbrück Wissenschaft) (1/2001).
Peter Weingart / Martin Carrier / Wolfgang Krahn: Nachrichten aus der Wissensgesellschaft. Analysen zur Veränderung der Wissenschaft. Weilerswist 2007(Velbrück Wissenschaft).

Peter Weingart / Anita Engels / Petra Pansegrau: Von der Hypothese zur Katastrophe. Der antropogene Klimawandel im Diskurs zwischen Wissenschaft, Politik und Massenmedien. Opladen & Farmington Hills 2008 (Verlag Barbara Budrich).

Josef Wieland: Die Tugend kollektiver Akteure. In: Josef Wieland (Hrsg.): Die moralische Verantwortung kollektiver Akteure. Heidelberg 2001 (Physica-Verlag), S. 22 – 40.

Wissenschaftlicher Beirat der Bundesregierung Globale Umweltveränderungen: Welt im Wandel. Gesellschaftsvertrag für eine Große Transformation. Berlin 2011.

Indre Zetzsche (Hrsg.): Wissenschaftskommunikation. Streifzug nur ein „neues" Feld. Bonn 2004 (Lemmers).

Teil II

Klimawandel kommunizieren: die richtigen Framings, Formate und Zielgruppen

Florian Krauß / Climate Media Factory

Julie Doyle (2011: 2) stellt fest, dass sich der Klimawandel in den letzten Jahren zu einem umfassenderen, nicht allein naturwissenschaftlichen, sondern auch sozialen, kulturellen, ökonomischen und wirtschaftlichen Sujet entwickelt habe. Medien sind maßgeblich an diesem Transfer beteiligt, denn sie tragen den Klimawandel über eine kleine Experten-Community und die Naturwissenschaft hinaus in große Teile der Öffentlichkeit. Die daraus resultierende mediale Präsenz von ‚Klimathemen' bildet womöglich eine wichtige Grundlage für die ‚Große Transformation' (WBGU 2011) und für die oft eingeforderte neue Partizipation der Bürger.

Die mediale Kommunikation des Klimawandels hat sich selbst zu einem regen Forschungsgebiet entwickelt (z. B. Schäfer et al. 2011, Doyle 2011). Allerdings sprechen viele dieser Arbeiten pauschal von ‚Medien' oder konzentrieren sich nur auf einen dezidierten Bereich wie Nachrichten oder die sogenannte Qualitätspresse (z. B. Schäfer et al. 2011, Sampei / Aoyagi-Usui 2009: 204). Dieser Aufsatz bedenkt stärker zentrale Unterschiede zwischen einzelnen Medientypen und Formaten, berücksichtigt gerade auch audiovisuelle Unterhaltungsmedien und nennt, durchaus praxisorientiert, zentrale Aspekte für Kommunikationsstrategien zum Klimawandel. Er untersucht, welche Medientypen welche Zielgruppen für den Klimawandel sensibilisieren können. Hierzu werden zentrale Kommunikationsstrategien genannt, erläutert und auf Medientypen / -formate sowie Bevölkerungsgruppen bezogen.

Dieser praxisnahe Ansatz geht auf das Projekt „Climate Media Factory" zurück. Der vorliegende Artikel nennt zentrale Aspekte für dieses Vorhaben, wendet sich aber auch allgemeiner an andere Institutionen, die ‚Klimathemen' kommunizieren wollen, wie beispielsweise NGOs. Insofern ist dieser Beitrag weniger eine systematisch-theoretische Abhandlung zum Forschungsfeld ‚Klimawandel und Medien', sondern vielmehr eine Art Leitfaden beziehungsweise Handlungsvorschlag, wie sich Themen des Klimawandels in bestimmten Formaten und für bestimmte Zielgruppen vermitteln lassen.

Die Zielgruppenspezifizierung hängt mit dem *Framing* zusammen, das heißt damit, wie man Themen des Klimawandels konkretisiert und kontextualisiert.

1 Framing

Shome und Marx (2009: 6ff.) weisen beim *Framing* auf die Gefahren einer zu engen, einseitigen Themenspezifizierung hin: „They [communicators] should be careful when framing climate change, hoewever, not to focus so intently on one particular aspect that the audience loses sight of the bigger picture" (Shome / Marx 2009: 7f.).

Die im Folgenden aufgeführten *Framings* sind insofern im Zusammenhang zu denken.

Grundsätzlich unterscheiden Debika Shome und Sabine Marx (2009: 8f.) zwischen einem *promotion* und *prevention frame*: Menschen mit einem „promotion focus" seien eher ziel- und fortschrittsorientiert, Menschen mit einem „prevention focus" stärker darauf bedacht, den Status quo zu bewahren. Die Kommunikation muss, je nach Zielgruppe ein entsprechendes *Framing* beinhalten oder so angelegt sein, dass beide Rezipienten-Typen Anknüpfungspunkte finden.

Neben solchen ‚psychologischen Vorstrukturierungen' sind verschiedene Faktoren relevant, von denen der Grad des ‚klimafreundlichen Verhaltens' beim Rezipienten abhängt. Irene Lorenzoni, Sophie Nicholson-Cole und Lorraine Whitmarsh (2007: 14f.) nennen hierzu neben dem Mediengebrauch etwa den sozialen Status (der beispielsweise die Wahl des Verkehrsmittels beeinflusst), den Bildungsgrad oder die Verkehrs-, Stadt- und Wohn-Infrastruktur, die Menschen zur Verfügung steht. Es gilt also grundsätzlich, dass Medientexte nur einen von vielen Faktoren bilden, die Verhaltensweisen im Hinblick auf den Klimawandel bestimmen. Ein *Framing* muss diese weiteren potenziellen Einflüsse berücksichtigen.

Generell ist zu bedenken, dass Medientexte ihr Sinnpotenzial nur in den sozialen und kulturellen Beziehungen entfalten, in die sie integriert sind (Mikos 2008: 23f.). MedienNutzerTypologie (MTN) (Oehmichen / Ridder 2010) und Sinus-Milieus (z. B. Koschnick 2011) sind Ansätze aus der Marktforschung, die den Rezipienten im Kontext seiner Lebenswelt betrachten. Sie werden im Folgenden erläutert, um die Zielgruppen bei der Klimakommunikation zu spezifizieren.

2 Sinus-Milieus und Mediennutzertypologie

Das Sinus-Milieu-Modell nennt im Hinblick auf grundlegende Werteorientierungen sowie Alltagseinstellungen zehn zentrale Milieus, zwischen denen die Grenzen fließend sind. Dem Ansatz liegt die Einsicht zugrunde, dass soziodemografisch gleiche Menschen sich in ihren Einstellungen, Vorlieben und Verhaltensweisen grundlegend unterscheiden und demnach differenten Zielgruppen angehören können (Koschnick 2011).

Die verwandte MedienNutzerTypologie fokussiert sich deutlich stärker auf die Freizeitmuster der Rezipienten, knüpft an die Lebensführungstypologie an, die die Bevölkerung segmentiert und subjektive soziale Ungleichheiten erfassen soll, und ist klar medienspezifisch. Mit der 1996 / 97 entwickelten und später erweiterten MedienNutzerTypologie sollte ein Mittelweg zwischen den variantenreich vorliegenden speziellen Konsumententypologien und allgemeinen Lebensstiltypologien gefunden werden (Schultz 2004: 122).

Berechtigte Kritikpunkte an beiden Modellen sollen nicht unerwähnt bleiben: Besonders an dem prominenteren Sinus-Milieu wurde bemängelt, dass es tendenziell wachsende soziale Unterschiede vernachlässigt und einen Großteil marginalisierter Bevölkerungsgruppen, wie etwa Obdachlose oder Asylbewerber, außen vor lässt (z. B. Mildner et al. 2005) – vermutlich nicht zuletzt, weil das Sinus-Institut Marktforschung betreibt. Randgruppen sind aus diesem kommerziellen Blickwinkel betrachtet ökonomisch uninteressant und werden gegebenenfalls ignoriert.

Ein weiterer Kritikpunkt bezieht sich darauf, dass sowohl MedienNutzerTypologie als auch das Sinus-Milieu-Modell Menschen stark nach Oberbegriffen einordnen. Sie neigen so zu einer eher undifferenzierten Bestandsaufnahme und dazu, sich zu sehr auf äußere Merkmale zu konzentrieren. Es ist denkbar, dass in Folge dessen Menschen einem Milieu zugeordnet werden, das auf sie gar nicht zutrifft. Schließlich eignen sich Menschen oft nur nach außen bestimmte Verhaltensweisen an, um als ‚normal' zu gelten (Mildner et al. 2005: 10f.).

Die Konzentration auf Äußerlichkeiten, Kategorisierungen und ein tendenziell oberflächlicher Blick stellen ein grundsätzliches Problem quantitativer Erhebungen dar. Wenn wir die beiden Typologien auf Fragen der Klimakommunikation anwenden, ist zudem zu bedenken, dass sich Medienprodukte nicht exakt im Hinblick auf bestimmte Milieus konzipieren lassen und ihre Wirkung (einschließlich ihres Erfolgs) nicht eins zu eins planbar ist.

Für eine erste, praxisnahe Annäherung an die zielgruppengerechte Kommunikation des Klimawandels bilden beide Modelle und die Ergebnisse empirischer Untersuchen, die mit diesen Typologien arbeiten, aber fruchtbare Anknüpfungspunkte. Die nachfolgenden Tabellen liefern eine kompakte Übersicht über die MedienNutzerTypologie- und Sinus-Milieu-Ansätze und, in Bezug auf letztere, wichtige Resultate aus der Studie „Umweltbewusstsein in Deutschland 2010" (Bundesministerium für Umwelt Naturschutz und Reaktorsicherheit (BMU) und Umweltbundesamt (UBA) 2010).

Tabelle 5 Kurzcharakteristik der zehn Sinus-Milieus

Milieu	Erläuterung	Einstellungen bzgl. Klimawandel
Sozial gehobene Milieus		
Konservativ-etabliertes Milieu 10 %	Das klassische Establishment: Verant-wortungs- und Erfolgsethik; Exklu-sivitäts- und Führungsansprüche vs. Tendenz zu Rückzug und Abgrenzung	
Liberal-intellektuelles Milieu 7 %	Die aufgeklärte Bildungselite mit liberaler Grundhaltung und post-materiellen Wurzeln; Wunsch nach selbstbestimmtem Leben, vielfältige intellektuelle Interessen	Sehen die bisherige Klimapolitik oft als unzureichend an
Milieu der Performer 7 %	Die multi-optionale, effizienzorien-tierte Leistungselite mit globalökono-mischem Denken und stilistischem Avantgarde-Anspruch; hohe IT- und Multimedia-Kompetenz	Sehen die Macht des Konsumenten (beim Klimawandel) als eher gering an
Expeditives Milieu 6 %	Die unkonventionelle kreative Avant-garde: hyperindividualistisch, mental und geografisch mobil, digital vernetzt und immer auf der Suche nach neuen Grenzen und nach Veränderung	offen für LOHAS-Lifestyle?
Milieus der Mitte		
Bürgerliche Mitte 14 %	Der leistungs- und anpassungsbereite bürgerliche Mainstream: generelle Bejahung der gesellschaftlichen Ord-nung; Streben nach beruflicher und sozialer Etablierung, nach gesicherten und harmonischen Verhältnissen	
Adaptiv-pragmati-sches Milieu 9 %	Die zielstrebige junge Mitte der Gesellschaft mit ausgeprägtem Le-benspragmatismus und Nutzenkalkül: erfolgsorientiert und kompromissbe-reit, hedonistisch und konventionell, flexibel und sicherheitsorientiert	Klimaschutz wichtig; Informationsdefizite vs. stärkeren ‚Klima-schutz'

Tabelle 5 (Fortsetzung)

Milieu	Erläuterung	Einstellungen bzgl. Klimawandel
Sozialökologisches Milieu 7 %	Idealistisches, konsumkritisches / -bewusstes Milieu mit normativen Vorstellungen vom ‚richtigen' Leben: ausgeprägtes ökologisches und soziales Gewissen; Globalisierungs-Skeptiker, Bannerträger von *Political Correctness* und *Diversity*	Klimaschutz wichtig; sehen bisherige Klimapolitik oft als unzureichend an
Milieus der unteren Mitte / Unterschicht		
Traditionelles Milieu 15 %	Die Sicherheit und Ordnung liebende Kriegs- / Nachkriegsgeneration: in der alten kleinbürgerlichen Welt bzw. in der traditionellen Arbeiterkultur verhaftet	Umweltfreundlicher Lebensstil trotz geringem Umweltbewusstsein; Offenheit für ‚Spartipps'
Prekäres Milieu 9 %	Die um Orientierung und Teilhabe bemühte Unterschicht mit starken Zukunftsängsten und Ressentiments: Anschluss halten an die Konsumstandards der breiten Mitte als Kompensationsversuch sozialer Benachteiligungen; geringe Aufstiegsperspektiven und delegative / reaktive Grundhaltung, Rückzug ins eigene soziale Umfeld	Stärkeres Interesse an Sozial- / Arbeitsmarktpolitik Selbstbild: Verlierer beim Klimawandel Sehen Macht des Konsumenten als eher gering an Sehen bisherige Klimapolitik oft als unzureichend an
Hedonistisches Milieu 15 %	Die spaß- und erlebnisorientierte moderne Unterschicht / untere Mittelschicht: Leben im Hier und Jetzt, Verweigerung von Konventionen und Verhaltenserwartungen der Leistungsgesellschaft	

nach: SINUS-Institut (2011) und BMU / UBA (2010)

Tabelle 6 Grundcharakteristik der MedienNutzerTypologie 2.0

Lebensstilgruppe	Charakteristika	Alter Ø	Einstellungen bzgl. Klimawandel
Junge Wilde	Hedonistisch, materialistisch, konsumorientiert, Selbstbezüglichkeit und -unsicherheit, adoleszentes Verhalten	23,9	
Zielstrebige Trendsetter	Pragmatische Idealisten und selbstbewusste Macher, breite Interessen, Erfolgsorientierung, Vollausschöpfung der Möglichkeiten neuer Medien	30,0	
Unauffällige	Orientierung am Privaten, wenig Kontakte, passiv, übernehmen ungern Verantwortung, ökonomisch eingeschränkt, starkes Bedürfnis nach Unterhaltung und Ablenkung	40,4	
Berufsorientierte	Starke Berufsbezogenheit, wenig Zeit für anderes, nüchtern, rational, Kulturfaible, eher ledig als verheiratet	43,0	
Aktiv Familienorientierte	Familienmenschen, bodenständig, selbstbewusst, gut organisiert, clever/ findig, dynamisch/lebendig	43,0	
Moderne Kulturorientierte	(Ehemalige) kulturelle Avantgarde, u. a. arrivierte ,68er', intellektuellster Typ, hohes Aktivitätsniveau, medienkritisch, weltoffen	53,9	Affinität für ökologische Lebensweise
Häusliche	Bedürfnis nach Sicherheit und Kontinuität im Alltag, eher traditionelle Wertevorstellungen und Rollenbilder, relativ enger Aktionsradius, häuslicher Rahmen wichtig	61,6	Affinität für ökologische Lebensweise
Vielseitig Interessierte	Sehr breites Interessenspektrum, gesellig, aktiv, erlebnisfreudig, bodenständig	62,8	Affinität für ökologische Lebensweise Interesse für Politik und Wissenschaft

Tabelle 6 (Fortsetzung)

Lebensstilgruppe	Charakteristika	Alter Ø	Einstellungen bzgl. Klimawandel
Kulturorientierte Traditionelle	Eher konservativ und traditionell geprägtes Weltbild, häuslicher Radius ist wichtig, gleichzeitig spielen aber auch (hoch-) kulturelle Aktivitäten eine Rolle	66,9	Interesse für Politik und Wissenschaft
Zurückgezogene	Traditionell, häuslich, eher passiv, hohe Bedeutung von Sicherheit und Harmonie, gering ausgeprägte Interesse	68,9	

nach: ARD / ZDF-Onlinestudie (2009)

Für die Kommunikation des Klimawandels ist relevant, dass der MedienNutzer-Typologie 2.0 zufolge besonders Moderne Kulturorientierte, Häusliche und Vielseitig Interessierte einer „naturverbundene[n], ökologische[n] Lebensweise" (Feuerstein 2010: 52) zustimmen. Speziell die Kulturorientierten und die Vielseitig Interessierten setzen sich mit dem politischen Geschehen und mit Wissenschaft / Forschung auseinander, also mit zwei Gebieten, unter die man den Klimawandel subsumieren könnte (Feuerstein 2010: 52ff.).

Zu den Sinus-Milieus bestehen umfassendere Ergebnisse aufgrund der genannten Studie „Umweltbewusstsein in Deutschland 2010" (BMU / UBA 2010). Wichtige Resultate sind hier vor allem:

- Frauen, Besserverdienende, Hochgebildete und Westdeutsche betrachten den Umweltschutz als zentrales Problem für Deutschland (BMU / UBA 2010: 17).
- Gut-Gebildete sehen häufiger einen hinreichenden Umwelt- und Klimaschutz als grundlegende Bedingung für die Bewältigung von verschiedenen Aufgaben an. Besonders die Milieus der Sozialökologischen und Adaptiv-Pragmatischen vertreten diese Ansicht (BMU / UBA 2010: 18).
- Der Ansicht der Prekären zufolge sollte es zunächst Fortschritte beim Schaffen neuer Arbeitsplätze geben, bevor man sich dem Umwelt- und Klimaschutz widmen könne (BMU / UBA 2010: 19).
- Personen mit niedrigerem Haushaltsnettoeinkommen schätzen im Allgemeinen die potenziellen Beiträge von individuellen Akteuren beim ‚Klimaschutz' als geringer beziehungsweise weniger relevant ein (BMU / UBA 2010: 21).

- Neben den Prekären erachten die Performer die Macht des Konsumenten als vergleichsweise gering. Ihr leistungs- und marktorientiertes Weltbild ist mit der Forderung nach einer ‚Moralisierung der Märkte' wohl nicht vereinbar (BMU / UBA 2010: 22).
- Oberste Priorität bei Aufgaben im Umweltschutz schreibt die Bevölkerung dem Bereich der Klimaschutzmaßnahmen zu (BMU / UBA 2010: 23).
- Aufgaben im Kontext des Klimawandels sind in den alten Bundesländern wichtiger als in den neuen (BMU / UBA 2010: 24).
- In den letzten vier Jahren hat der Anteil derjenigen zugenommen, die die Folgen des Klimawandels in Deutschland als beherrschbar einschätzen. Milieuspezifisch zeigen sich hierbei erhebliche Unterschiede: Bei den Performern beträgt der Anteil derjenigen, die an einer Bewältigung des Klimawandels mit den bisherigen Bemühungen zweifeln, nur ca. 30 Prozent. Bei den Liberal-intellektuellen und dem Sozialökologischen Milieu sind es hingegen jeweils rund 60 Prozent. Überdurchschnittlich skeptisch sind aber auch die Vertreter des Prekären Milieus (54 Prozent) (BMU / UBA 2010: 33).
- Die Prekären befürchten, auch beim Klimawandel und den Anpassungsmaßnahmen zu den Verlierern zu gehören (BMU / UBA 2010: 33).
- Mit über 60 Prozent forderten 2010 wieder deutlich mehr Menschen als 2008 (50 Prozent) eine Vorreiterrolle für Deutschland beim internationalen Klimaschutz (BMU / UBA 2010: 33).
- In Sachen Klimaschutz wird besonders der Bundesregierung, aber auch den Städten und Gemeinden ein schlechteres Zeugnis ausgestellt (BMU / UBA 2010: 34).
- Eine große Mehrheit der Bevölkerung ist davon überzeugt ist, dass das eigene Alltagsverhalten einen wichtigen Beitrag zum Klimaschutz darstellt – noch vor dem Druck auf die Politik und dem zivilgesellschaftlichen Engagement. Zudem sei ein leichter Anstieg der Relevanz dieser drei großen klimapolitischen Handlungsfelder, so die Studie „Umweltbewusstsein in Deutschland 2010", zu beobachten (BMU / UBA 2010: 38).[129]

Aus diesen empirischen Ergebnissen lassen sich erste Schlussfolgerungen ziehen, wie der Klimawandel zu kommunizieren ist. Für diese Vermittlung ist es freilich

---

129 Relevante Daten zu möglichen Zielgruppen und Kommunikationsbedürfnissen könnte längerfristig auch das aktuelle, interdisziplinäre EU-Forschungsprojekt GILDED (Governance, Infrastructure, Lifestyle Dynamics and Energy Demand: European Post-Carbon Communities, 2012) liefern, an dem das Potsdam-Institut für Klimafolgenforschung (PIK) beteiligt ist. Hier wird für verschiedene EU-Länder die Energienutzung in Privathaushalten über Haushaltsbefragungen ermittelt.

nicht nur zentral, die Zielgruppen gemäß den beschriebenen Typologien und den mit ihnen verknüpften empirischen Befunden zu spezifizieren. Es ergeben sich auch inhaltliche Herausforderungen aus dem Themenkomplex ‚Klimawandel'. Im Folgenden werden Prämissen für seine mediale Kommunikation in Hinblick auf Inhalte, Zielgruppen und Medienformate beziehungsweise Medientypen formuliert.

3 Kommunikationsleitlinien

3.1 Thematisch breit und komplex kommunizieren

Aus Sicht von Klimawissenschaftlern stellen viele Medientexte den Klimawandel verkürzt und eindimensional dar. Hier handelt es sich sicherlich um ein grundsätzliches Problem der medialen Aufbereitung und der Popularisierung von Wissenschaft: Wie weit können Medientexte, die sich an ein größeres Publikum – über eine Wissenschafts-Community hinaus – richten, komplexe Zusammenhänge erfassen? Aus Sicht der Forschenden ist es wünschenswert, eine möglichst große thematische Bandbreite ihres Gegenstands, hier des Klimawandels, abzubilden.

Eine umfassende Repräsentation mag unter anderem bedeuten, dass wir Strategien der Adaptation (Anpassung) stärker berücksichtigen. Verschiedene Studien kommen nämlich zum Schluss, dass diese in Medientexten kaum präsent sind (z. B. Peters / Heinrichs 2005: iv, 19; Rhomberg 2009: 12f.). Der gesellschaftliche Diskurs zum Klimawandel dreht sich entsprechend in den verschiedensten Facetten vor allem um Fragen der Mitigation (Vermeidung oder Abmilderung) (Rhomberg 2009: 3) und hat mit Kyoto ein Art ‚Label' erhalten.

Hat diese Unterrepräsentation des Adaptations-Bereichs in der öffentlichen Kommunikation negative Folgen? Hans Peter Peters und Harald Heinrichs (2005:204) bejahen dies für den Fall, dass die Adaptation nicht innerhalb der existierenden gesellschaftlichen Routinen möglich ist, sondern Änderungen erfordert – was auf sehr viele Gesellschaften zutrifft.

Das Ziel, die Adaptation stärker zu thematisieren, ist allerdings nicht unproblematisch: Solch eine Fokussierung mag als Eingeständnis verstanden werden, dass die Vermeidung und Verminderung des Klimawandels gescheitert seien (Peters und Heinrichs 2005: 204). Mitigations-Maßnahmen könnte folglich die Unterstützung entzogen werden. Peters und Heinrichs (2005: 204) zufolge ist es daher nicht sinnvoll, Mitigation und Adaptation in getrennten Kommunikationsakten zu behandeln.

Die logische Schlussfolgerung, dass ‚Klimamedien' im Idealfall beide Seiten repräsentieren, kann bedeuten, dass sie sowohl globale als auch lokale Dimensionen
des Klimawandels aufzeigen. Adaptation lässt sich nämlich allgemein als lokale,
regionale Antwort auf den Klimawandel verstehen, während die Mitigation eher
die globale Reaktion darstellt (Shaw et al. 2009: 460).[130]

(Klima-)Wissenschaftler argumentieren bei der These, Medien würden den
Klimawandel unzureichend abbilden, auch häufig mit dem Aspekt ‚Unsicherheit'.
Vorhersagen der Klimawissenschaftler sind per se von Unsicherheit geprägt, doch
populäre Medien und ihre Rezipienten verlangen meist nach klarer Vorherseh-
barkeit. Für viele Menschen sei eine Unsicherheit unangenehm, merken Shome
und Marx (2009: 24ff.) hierzu an. Sie plädieren dafür, Unsicherheiten nicht zu
verschweigen, sondern stattdessen als Mittel zu nutzen, um ein Vorbeugungs-
Prinzip zu kommunizieren (also in dem Sinne, dass bestimmte Handlungen po-
tenzielle Bedrohungen durch den Klimawandel vermeiden können).

Welche Medientypen und -formate können die thematische Bandbreite des
Klimawandels – und speziell Aspekte der Mitigation und Adaptation sowie Unsicherheiten – abbilden? Grundsätzlich eignen sich hierzu insbesondere Medientypen, die mehrdimensional und seriell erzählen. Das Paradebeispiel für ein äußerst
komplexes, serielles Erzählen ist die längst zum Klassiker avancierte Fernsehserie
„The Wire" (USA 2002-2008), die in jeder Staffel ein anderes Gesellschaftssystem
darstellt. Der Niedergang des US-amerikanischen Gemeinwesens und der illega-
le Drogenhandel werden so aus verschiedenen Blickwinkeln beleuchtet. Der Zuschauer erschließt erst nach und nach die Zusammenhänge. Dieses Puzzle-Spiel
weist Schnittstellen zu Games auf, einem Medientyp, der den Rezipienten stark
involviert und der besonders dazu prädestiniert scheint, verschiedene Ausgangs-
szenarien abzubilden – anders als etwa ein in sich geschlossener, klassisch-linear
erzählter Spielfilm.

Gerade Games können also Unsicherheit mit kommunizieren und es dem User
ermöglichen, je nach Interesse verschiedene Themen und Details zu erkunden. Im
Medien-Entwicklungslabor Climate Media Factory ist in diesem Zusammenhang
der Terminus „complexity on demand" entstanden: Demnach bieten Medientexte
verschiedene Komplexitätsstufen an und ermöglichen dem Rezipienten so einen
niedrigschwelligen Einstieg, aber auch ein Weiterforschen nach Details.

---

130 Der Einfluss von Adaptation auf globale Emission und damit auf den Klimawandel ist
    Shaw et al. (2009: 460) zufolge allerdings unklar. Es seien positive und negative Neben-
    effekte von Adaptation auf Treibhausgas-Emissionen denkbar. Außerdem variierten
    Anpassungsmaßnahmen je nach Ort sehr stark.

Auch eine Kombination aus verschiedenen Medientypen – die sich im Sinne eines transmedialen Erzählens gegenseitig befruchten – eignet sich dazu, verschiedene Komplexitätsebenen, viele Facetten und Zusammenhänge zu kommunizieren. In diesem Zusammenhang ist auch eine Ergänzung um lokale Fallbeispiele denkbar – in Hinblick auf bestimmte Zielgruppen und ihre Lebenswelt und gegebenenfalls mit dem Einsatz von *Location-based Services* (LBS, Standortbezogenen Diensten). Der Rezipient erhält so Informationen zu Orten, an denen er sich gerade aufhält. Auch in der Realität verankerte ‚Medienstationen' oder User-Aufgaben sowie regionale Medien könnten die Lokalisierung stärken und den Themenkomplex ‚Klimawandel' so konkretisieren. Mit den lokalen Fallbeispielen würden auch die bislang vernachlässigten Anpassungsmaßnahmen stärker in den Mittelpunkt rücken.

Welche Zielgruppen könnte solch eine avancierte, transmediale Kommunikationsstrategie erreichen? Der MedienNutzerTypologie 2.0 zufolge schöpfen besonders die Zielstrebigen Trendsetter die Möglichkeiten neuer Medien aus (Feuerstein 2010: 35). Bei den Sinus-Milieus weisen speziell die Performer eine hohe IT- und Multimedia-Kompetenz auf. Auch die Expeditiven sind ein on- wie offline hochvernetztes Milieu, das zudem dem ‚Greening' des eigenen Lebensstils offen gegenübersteht, aber hohe ästhetische Ansprüche hat (BMU / UBA 2010: 75). Ein transmediales, multidimensionales Medienprodukt zum Klimawandel würde also besonders letztere Gruppe erreichen.

Was Lokalisierung und Adaption betrifft, bilden speziell lokale Entscheidungsträger, etwa in Städten, eine relevante Zielgruppe. Matthew C. Nisbet und John E. Kotcher (2009) setzen sich im Hinblick auf den Klimawandel mit *Opinion Leaders* auseinander und unterscheiden zwischen Meinungsführern der politischen Mobilisierung und Meinungsführern beim praktischen Handeln (2009: 354) (vgl. *4. An und mit Meinungsführern kommunizieren*). Gerade für Meinungsführer der politischen Mobilisierung ist es wichtig, verschiedene Dimensionen und komplexe Zusammenhänge zumindest in Teilen zu erkennen.

Eine *Complexity-on-demand*-Kommunikationsstrategie, seriell und über verschiedene Kanäle hinweg, könnte neben der Abbildung thematischer Vielfalt eine weitere wichtige Herausforderung meistern, nämlich die, den Klimawandel längerfristig im Gesellschafts- und Mediendiskursen zu verankern.

3.2   Nachhaltig kommunizieren

Wie Inhaltsanalysen belegen (z. B. Boykoff 2010: 19f.), gibt es immer wieder Stoß-
zeiten in der Berichterstattung über den Klimawandel. Daraus lässt sich schlussfolgern, dass ein Bedarf an längerfristiger Medienpräsenz und nachhaltiger Kommunikation besteht. Aber wie lassen sich Facetten des Klimawandels über kurze
Perioden hinaus medial repräsentieren? Eine mögliche Strategie liegt darin, sich
weniger auf den Informations- und Nachrichten-Bereich zu konzentrieren. Denn
dieser beruht sehr stark auf Aktualität, da er innerhalb sehr kurzer Zeitabstände
neuen Content verlangt. Allerdings ist der Medieninhalt ‚Klimawandel' bislang
vor allem in diesem Terrain anzutreffen und kaum in Unterhaltungsformaten.
Gerade sie könnten jedoch den Bedarf nach einer längerfristigen Kommunikation
stillen.

Im Fernsehen werden speziell hochwertig produzierte Fiction-Formate mehr-
fach ausgestrahlt. Serien haben zudem die offensichtliche Eigenschaft, über länge-
re Zeiten hinweg zu laufen. Demnach eignen sich Serien besonders dazu, längerfristig und immer wieder für Themen des Klimawandels zu sensibilisieren.

Für eine Miteinbeziehung von Fiction bei der ‚Klimakommunikation' spricht
auch, dass entsprechende Sendungen ein großes und junges Publikum erreichen.
„In den Altersgruppen drei bis 13 Jahre, 14 bis 29 Jahre und schließlich bei den
30- bis 49-Jährigen lag der Anteil für Fictionnutzung über dem Zeitbudgetanteil
für Information und Infotainment", fassen Maria Gerhards und Walter Klingler
(2008: 663) zusammen. Serielle Fiction- und Unterhaltungsformate, die Themen
des Klimawandels (mit)behandeln, könnten demnach besonders jüngere Bevölkerungsgruppen ansprechen, zumal Quotenanalysen belegen, dass das Fernsehen
auch für diese und trotz neuer Medien nach wie vor ein Leitmedium darstellt
(Zubayr / Gerhard 2011: 126f.).

Allerdings bevorzugen gerade jüngere Zuschauer im Serien-Terrain oft US-
amerikanische Produktionen, während sich insgesamt bei Serien und Fiction eine
Präferenz für deutsche Eigenproduktionen feststellen lässt (Zubayr / Gerhard
2010: 115ff.). Bei den deutschen Serien sind Daily Soaps bei verschiedenen Altersgruppen erfolgreich, wenngleich einige dieser *Daily Dramas* zuletzt ‚schwächel-
ten': So wurde die langlebige ARD-Daily „Marienhof" abgesetzt und „Verbotene
Liebe" im Jahr 2011 ein *Relaunch* verpasst (Leimann 2011). „Neue Angebote dieser Programmfarbe mit hinreichender Akzeptanz zu etablieren, ist immer noch
außerordentlich schwierig", geben Camille Zubayr und Heinz Gerhard (2011:
136) zu bedenken.

Im Hinblick auf Zielgruppen und Quoten ist die TV-Serie also auch unabhän-
gig vom Sujet Klimawandel ein schwieriges Format – wenngleich eines mit hohem

Innovations-Potenzial. Bislang ist es keiner deutschen Weekly beziehungsweise Qualitätsserie gelungen, mit horizontalen, das heißt über mehrere Folgen hinweg angelegten Handlungssträngen zum Quotenerfolg zu werden. Die Herausforderung, mit einer horizontalen, deutschen Serie auch jüngere Zuschauergruppen zu erreichen und an Quotenerfolge wie „Desperate Housewives" anzuknüpfen, bleibt also bestehen.

Die Herausforderung besteht zudem darin, gesellschaftlich relevante Themen zu transportieren, so wie dies verschiedene US-amerikanische Qualitätsserien, insbesondere im Pay-TV-Kanal HBO, vorgemacht haben. Das Feuilleton der „taz" forderte, davon beeinflusst, gar dezidiert „eine große deutsche Fernsehserie über die Ökologiebewegung" (Knipphals 2011), und das deutsche MINTiFF-Network lud bei der „Langen Nacht der Wissenschaft" 2012 mit dezidiertem Verweis auf „Breaking Bad" (USA 2008-2012) auf den Vorlesungs-Block zur Frage, ob Chemie zum „Katalysator für spannende Fernsehunterhaltung" werden könne.

Serielle Unterhaltungsformate sind auch bei Kindern beliebt: 2010 war etwa die im KI.KA ausgestrahlte französische Animations-Serie „Yakari" (um einen Indianerjungen, der mit Tieren sprechen kann) die erfolgreichste Serie bei den 3-13-Jährigen (Feierabend / Klingler 2011: 179). Serielle Animationsserien bilden bei den deutschsprachigen Kinder-Fernsehsendern KI.KA, Super RTL und Nick / Nickelodeon generell den Hauptanteil des Fiction-Angebots und decken das gesamte Altersspektrum der Kinder ab (Krüger 2009: 430). Das Fiction-Angebot bestehe hier im Wesentlichen aus Genres der Kategorien Spannung, Spaß, Alltag und Kinderfantasiewelten, schreibt Udo Michael Krüger (2009: 430) und spezifiziert nach Sendern: „[B]eim KI.KA sind eher Spannung und Alltag / Familie charakteristisch, für Super RTL Spaß und für Nick Spannung, während den Kinderfantasiewelten alle drei Sender ähnlich entsprechen".

Für eine Ausrichtung der Klimakommunikation auf Kinder spricht offensichtlich, dass gerade sie von den künftigen Folgen des Klimawandels betroffen sein werden, dass sie das Verhalten ihrer Eltern hinsichtlich Nachhaltigkeit mit beeinflussen und dass sie in der Zukunft eine Klimapolitik im Großen und Kleinen mitgestalten werden. Bei bestimmten Aspekten sind Kinder aber kaum die Kernzielgruppe, etwa wenn es darum geht, den medial überrepräsentierten Leugnern des Klimawandels medial zu begegnen.

3.3   Klimaleugnern begegnen und fundiert kommunizieren

So genannte Klimaskeptiker, die wohl passender Leugner zu nennen sind, und ihre wissenschaftlich längst widerlegte Minderheitenmeinung, der Mensch habe keinen Einfluss auf Klimawandel und schnelle Handlungsschritte seien nicht notwendig, sind relativ stark in Medientexten vertreten. Dafür sind sicherlich Bedürfnisse der Medien nach Extremen, nach Konflikten und nach Neuem ausschlaggebend (Post 2008: 182). Besonders Untersuchungen zur Berichterstattung in der US-Presse haben auf eine daraus resultierende Kluft zwischen der medialen Berichterstattung zum Klimawandel und dem wissenschaftlichen Diskurs hingewiesen (z. B. Boykoff / Boykoff 2010).

Es gibt allerdings keine einfache Antwort darauf, wie (Klima-)Wissenschaftler und eine Medienkommunikation den Klimaskeptikern beziehungsweise -leugnern begegnen sollen (Rahmstorf 2004: 82). Die Klimaleugner können einen Austausch mit anerkannten Klimawissenschaftlern nämlich dazu missbrauchen, sich selbst und den behaupteten Zweifeln am anthropogenen Klimawandel einen ,wissenschaftlichen Anstrich' zu geben (in dem Sinne, dass sich die Wissenschafts-Community hier tatsächlich uneinig sei). Eine kritische Medienanalyse der Skeptiker mag außerdem ihre Präsenz in den Medien vergrößern.

Am besten begegnet man ihnen vielleicht medial, indem man Themen des Klimawandels gerade innerhalb jener Diskurse und Medienangebote korrekt darstellt, in denen eine verzerrte Darstellung stattfindet und in denen die Leugner überrepräsentiert sind. Dies trifft besonders auf Inhalte im Internet zu und hier speziell für Informationsangebote. Gerade im angloamerikanischen Raum spielten Blogs und Seiten von klimaskeptischen Thinktanks eine wichtige Rolle, meint der Medienwissenschaftler Ephraim Broschkowski, der im Rahmen der Climate Media Factory die Medienpräsenz von Klimaskeptikern analysiert: Neben Wortbeiträgen gebe es eine Reihe von gefilmten Vorträgen, die entweder auf den entsprechenden Seiten aber auch bei *YouTube* und ähnlichen Plattformen mitunter sehr erfolgreich gepostet würden. Broschkowski nennt als wichtige ,Klimaskeptiker-Medien' außerdem Dokumentarfilme, die abgesehen von dem relativ bekannten und auch in Deutschland ausgestrahlten „The Great Warming Swindle" (Großbritannien 2007) vor allem über DVD vertrieben und teilweise ohne Lizenz im Internet gescreent würden, aber kaum eine Kino- oder Fernsehauswertung erfahren würden. Hauptstrategie müsste es, so Broschkowski, einerseits sein, Klimaskeptiker direkt im Netz vorzuführen (wie dies etwa *Desmogblog.com* praktiziert) und andererseits einen Schutzraum zu schaffen, in dem nur ,echte' Klimawissenschaftler ein Forum finden (Krauß 2011, persönliche Kommunikation). Solch eine Strategie bedürfte einer intensiven redaktionellen Betreuung und gegebenenfalls auch eines *Peer-Review*-Verfahrens, um die wissenschaftliche Seriosität zu betonen.

Auch der Absender kann die Seriosität unterstreichen: Stehen etablierte Medien und anerkannte Wissenschafts-Einrichtungen hinter Internet-Auftritten, wirken diese glaubwürdiger.

Ein wichtiges Kriterium, um Klimaskeptikern schnell zu begegnen, ist außerdem Aktualität wie das Projekt „Climate Rapid Response Communications Team" (2011) illustriert: In diesem stehen verschiedene Klimawissenschaftler kurzfristig für Journalisten bereit und korrigieren Fehldarstellungen. Solch eine Herangehensweise setzt also eher bei den Medienschaffenden als direkt beim Publikum an.

Welche Rezipienten insbesondere für die verzerrten Darstellungen der Klimaleugner anfällig und daher vielleicht speziell zu tangieren sind, ist nicht vollkommen klar, denn es gibt bislang keine systematische Rezeptionsstudie zu den Medienangeboten der Klimaleugner. Generell ist anzunehmen, dass umfassendere politische Ansichten, wie etwa eine Ablehnung von Ökologie-Bewegungen und Umweltschutzmaßnahmen, eine Affinität für die Thesen der Klimaleugner befördern. So hat eine Befragung von Zuschauern des rechtskonservativen Nachrichtensenders Fox News ergeben, dass diese besonders häufig den anthropogenen Klimawandel anzweifeln (Theel 2011). Dan M. Kahan et al. (2012: 2f.) weisen in ihrer Befragung von US-Amerikanern entsprechend darauf hin, dass weniger ein Mangel an wissenschaftlichen Informationen als vielmehr der kulturell-politische Hintergrund für die Einstellung gegenüber dem Klimawandel ausschlaggebend seien.

In Deutschland spielt die politisch-ideologische Einstellung wohl eine geringere Rolle als in der US-amerikanischen Gesellschaft, aber auch hier lässt sich vermuten, dass besonders konservative Bevölkerungssegmente anfällig für die Thesen der Klimaleugner sind. Der MedienNutzerTypologie zufolge pflegen speziell Häusliche und Kulturorientierte Traditionelle konservative Ansichten. Letztere interessierten sich auch stark für Politik- und Gesellschaftsfragen, zu denen man den Klimawandel zählen kann (Feuerstein 2010: 40-44). Bei den Sinus-Milieus gelten besonders die Konservativ-Etablierten (als Teil der sozial gehobenen Milieus) und die Traditionellen (aus der Unterschicht) als konservativ. Auch die Prekären sind womöglich affin für ‚klimaskeptische' Thesen, da sie – so die Studie „Umweltbewusstsein in Deutschland" – befürchten, auch beim Klimawandel und den Anpassungsmaßnahmen zu den persönlich Benachteiligten und Leidtragenden zu gehören (BMU / UBA 2010: 33).

Dieser Untersuchung zufolge halten außerdem mehr Männer als Frauen die ‚Klimaberichte' der Medien für übertrieben (BMU / UBA 2010: 32). Zusammengefasst sind also besonders Männer aus eher konservativen Bevölkerungsschichten eine Kernzielgruppe für mediale Kommunikationsstrategien, die verzerrte Darstellungen und die Medienpräsenz von Klimaleugnern angehen.

Wenn es darum geht, Rezipienten von der Stichhaltigkeit bestimmter Argumente oder der Seriosität von Informationen zu überzeugen, ist auch die Einbindung von Meinungsführern ein wichtiges Kommunikations-Tool. Denn gerade persönlich bekannten *Opinion Leaders* schenken viele Menschen Vertrauen.

3.4   An und mit Meinungsführern kommunizieren

Edward Maibach und Susanna Hornig Priest (2009: 301) schreiben zu Meinungsführern bei der Klimakommunikation: „If activated, popular opinion leaders – not necessarily famous media figures such as Oprah Winfrey but rather the person down the block, the person many of us in the neighborhood turn to for advice when making the right decision really counts – are a potentially important asset in accelerating individual behavior change and fostering citizen demand for carbon regulation." Auch Nisbet und Kotcher (2009: 331) befassen sich mit Meinungsführern und differenzieren diese nach vier Funktionen: Meinungsführer würden zum einen das kognitive Engagement der Öffentlichkeit bereichern, etwa indem sie Informationsquellen publik machten oder das Wissen zu politischen und wissenschaftlichen Details vergrößerten. Meinungsführer könnten sich außerdem an der Politik beteiligen, etwa durch (Ehren-)Ämter, und sich bürgerrechtlich engagieren, etwa indem sie gewählte Vertreter kontaktieren. Und Meinungsführer könnten Verhaltensänderungen antreiben.

Eine Kommunikation, die auf Meinungsführer abzielt beziehungsweise diese einbindet, kann sich jeweils auf diese Funktionsfelder spezifizieren. Meinungsführer weisen dabei nicht nur auf ein bestimmtes Thema – wie den Klimawandel beziehungsweise Aspekte davon – hin, sondern auch auf Handlungsoptionen und Verhaltensweisen (Nisbet / Kotcher 2009: 332). In dieser Hinsicht ist es also sinnvoll, in einen (medialen) Austausch mit den Meinungsführern zu treten und sie nicht nur als passiven Adressaten zu begreifen. So kann auch ein Manko der Meinungsführer-Kommunikation angegangen werden, das Nisbet und Kotcher (2009: 345f.) ausmachen: Meinungsführer würden zu selten trainiert und die Kontakte zu ihnen zu selten gepflegt. Es reiche aber nicht aus, sie lediglich zu rekrutieren. Nisbet und Kotcher (2009: 345f.) schlagen vor, Botschaften stärker auf die jeweiligen Meinungsführer zuzuschneiden, etwa durch zusätzliche Informationen. Auch aus (klima-)wissenschaftlicher Sicht sei ein Training von Meinungsführern wichtig, damit die übermittelten Informationen möglichst korrekt und fundiert seien (Nisbet / Kotcher 2009: 348).

In Hinblick auf „digital opinion leaders" und Klima-Kommunikations-Kampagnen im Internet weisen Nisbet und Kotcher (2009: 346) auch auf die Gefahr hin, eine Face-to-Face-Kommunikation außer Acht zu lassen und soziale Netzwerke im Netz überzubewerten: „The danger of relying too heavily on digital organizing is that it might create a false sense of efficacy among participants, with activists believing they are making a difference on climate change, when impact may be limited at best" (Nisbet / Kotcher 2009: 346).

Für eine *Opinion-Leader*-Kommunikation ist es demnach sinnvoll, Medientexte durch eine Face-to-Face-Kommunikation oder Ansätze dazu (wie persönliche Ansprachen oder teilweise individualisierten Content) zu bereichern. Eine längerfristige, etwa serielle, und transmediale Kommunikation würden davor bewahren, Meinungsführer nur kurzfristig zu adressieren. Soziale Mediennetzwerke wiederum könnten Meinungsführern eine Plattform bieten, ihre Außenwirkung vergrößern und die kollaborative Komponente ihres Engagements betonen. Generell sind Medienkanäle zu berücksichtigen, die es den Usern ermöglichen, selbst ihre Meinung zu verbreiten und zu teilen. Stellenweise haben solche soziale Medien auch zu neuen Formen des umweltpolitischen Engagements wie etwa Smart Mobs geführt (BMU / UBA 2010: 58). Hier entstehen womöglich auch neue, spezifische *Opinion Leader*.

Als Art Meinungsführer ließen sich außerdem Figuren im Medientext bezeichnen – insbesondere solche, die für den Rezipienten ein hohes Identifikationspotenzial bieten und zu denen er eine parasoziale Beziehung aufbauen kann: Hier wird der Rezipient selbst zum Teil des Beziehungsgefüges (Hippel 1992: 135), wobei er aber durchaus die parasoziale Beziehung zu einer medialen Figur von einer Face-to-Face-Beziehung unterscheiden kann. Besonders zu immer wiederkehrenden Personen oder Figuren im Fernsehen ist eine parasoziale Beziehung möglich; dies gilt insbesondere bei Fernsehserien (Mikos 2008: 182f.).

Eine mediale Kommunikation, die sich auf Meinungsführer jenseits des Medientextes fokussiert, könnte speziell Umwelt- beziehungsweise Klimaaktivisten einbinden und Bevölkerungsgruppen adressieren, die am ehesten dazu bereit sind, sich politisch und gesellschaftlich einzusetzen.

In den letzten Jahren hat sich der Anteil der umweltpolitisch und gesellschaftlich Engagierten in Deutschland erhöht. Dafür sprechen zumindest die quantitativen Ergebnisse der Studie „Umweltbewusstsein 2010" (BMU / UBA 2010: 58) und neue Kommunikationstechnologien, die neue Möglichkeiten des gesellschaftlichen Engagements eröffnen. Dieser Studie zufolge zählen vor allem gut Gebildete und jüngere Personen zu den quantitativ gewachsenen Umweltengagierten. Nach Sinus-Milieus unterteilt, würden sich besonders die Sozialökologischen und Liberal-intellektuellen für den Umwelt- und Klimaschutz einsetzen. Seltener sei dies der Fall bei den Traditionellen, Adaptiv-pragmatischen und den Prekären (BMU / UBA 2010: 58f.).

Bei den MedienNutzerTypen scheinen, so Sylvia Feuerstein (2010: 52), am ehesten die Modernen Kulturorientierten, die Vielseitig Interessierten und die Zielstrebigen Trendsetter (also auch hier eher sozial besser gestellte Bevölkerungsgruppen) dazu bereit, sich gesellschaftlich zu engagieren.

Eine wichtige Grundlage für einen entsprechenden klima- beziehungsweise umweltpolitischen Aktivismus ist ein ‚Klimabewusstein'. Wie kann eine ‚Klimakommunikation' dieses befördern?

3.5   Klimabewusstsein kommunizieren

Für eine Begriffsklärung von ‚Klimabewusstsein' bilden verschiedene Definitionen von ‚Umweltbewusstsein' Anknüpfungspunkte: Letzterer wird unter anderem als rein kognitives Konstrukt aufgefasst, das angibt, ob sich jemand der Verletzung beziehungsweise Gefährdung der Umwelt bewusst ist. Klimaschutz beziehungsweise der Klimawandel sind hier ein wichtiger Teilaspekt und Inhaltsbereich. Es gibt aber auch Begriffsbestimmungen zum Umweltbewusstsein, die nicht allein den kognitiven Aspekt, sondern mehr Dimensionen berücksichtigen, nämlich auch affektive und verhaltensbezogene, und gerade deren Bedeutung herausstreichen (Arlt / Hoppe / Wolling 2010: 4f.). So kommt die empirische Untersuchung von Dorothee Arlt, Imke Hoppe und Jens Wolling (2010: 22) zum Schluss, dass informationsbezogene Medienangebote geringe Effekte auf alltagsbezogene Handlungsweisen haben. Ein relativ starkes Potenzial in dieser Hinsicht habe bei Informationsinhalten noch die Fernsehberichterstattung.

Dieser Befund ließe sich als Plädoyer interpretieren, nicht allein die kognitiven Bestandteile des Umwelt- oder Klimabewusstseins zu berücksichtigen und eine ‚Klimakommunikation' nicht primär auf Schrift-zentrierte Informationsmedien auszurichten. Möglicherweise können besonders solche Medientypen und -angebote ein Klimabewusstsein fördern, die stark im Alltag der Rezipienten verankert sind – wie Fernseh-Unterhaltungsformate oder soziale Medien beziehungsweise Medienangebote, die diese integrieren.

Zentrale Zielgruppen könnten hier vor allem Bevölkerungsgruppen sein, deren Umwelt- und Klimabewusstsein eher gering ausgeprägt ist. Bei den Sinus-Milieus gehören dazu etwa die Traditionellen, die ‚preußischen Tugenden' wie Sauberkeit und Ordnung als wichtig erachten und daher einen relativ umweltfreundlichen

Lebensstil pflegen, sich aber nicht als besonders umweltbewusst einstufen. Ihr Fleischkonsum ist vergleichsweise hoch. Der „Umweltbewusstsein"-Studie zufolge ist die Umweltfreundlichkeit der Traditionellen noch weiter ausbaubar, etwa bei der Wärmedämmung des Eigenheims, für die Einsparmöglichkeiten hier ein entscheidendes Argument sein könnten (BMU / UBA 2010: 76). Auch bei den Prekären und Hedonisten sei das Umweltbewusstsein vergleichsweise gering ausgeprägt (BMU / UBA 2010: 41).

Mit der Frage, wann Menschen ein Klimabewusstsein entwickeln, hängt zusammen, wann sie den Klimawandel mit sich selbst in Verbindung bringen.

3.6   Persönlichen Bezug zum Klima kommunizieren

Ein zentrales Problem bei der Kommunikation des Klimawandels liegt Rezeptionsstudien zufolge darin, dass Menschen keinen Bezug zu ihrer Lebenswelt herstellen können und diesen mit fernen Orten assoziieren (z. B. Lowe et al. 2006: 74). Die Lokalisierung ist möglicherweise eine Antwort auf diese grundlegenden Schwierigkeiten bei abstrakten, globalen Themen und der Umweltkommunikation. Denn lokale Narrationen schaffen einen Raum, durch den sich Rezipienten Folgen des Klimawandels in ihrer Umwelt vorstellen können (Shaw et al. 2009: 460).

Die Lokalisierung ist ein Beispiel für die von Shome und Marx (2009: 6f.) angeführten *Framings*. Ihnen zufolge stellt allerdings die Unsicherheit der Klimawissenschaft eine Herausforderung bei der Lokalisierung dar. Die Aussage, dass es durch den Klimawandel mehr Extremwetter-Ereignisse gebe, sei nämlich korrekt; allerdings könne man aus wissenschaftlicher Sicht konkrete Ereignisse wie den Hurrikan Katrina nicht als klare Folge des Klimawandels darstellen (Shome / Marx 2009: 10).

Neben mitunter problematischen lokalen Fallbeispielen kann ein Gegenwartsbezug Rezipienten verdeutlichen, dass der Klimawandel in Zusammenhang mit ihrer Lebenswirklichkeit steht. Shome und Marx (2009: 10) sprechen hier vom „now vs. future frame". Gegenwärtige Probleme besäßen für Menschen eine größere Relevanz als zukünftige. Daher sei eine Zukunft als nah und konkret zu schildern.

Das Pointieren einer zeitlichen und räumlichen Nähe und ein ‚lokales Framing' können insbesondere in regionalen Medien, womöglich als Teil einer transmedialen Kommunikation, durch den Einsatz von *Location-based Services* und in sozialen Plattformen gelingen. Denn letztere ermöglichen es Menschen aus verschiedenen Orten, sich austauschen und zusammenschließen. Für eine Lokalisierung bieten sich außerdem Medientypen wie Spiele oder Webseiten an, bei denen der Rezipient aus verschiedenen Orten auswählt.

Kernzielgruppen für eine entsprechende Kommunikation, die den persönlichen Bezug des Klimawandels betont, sind also unter anderem Medienuser mit einer hohen Affinität für neue und soziale Medien. Laut der Studie „Typologie der Wünsche" sind Facebook-Nutzer überdurchschnittlich jung und weisen einen hohen Bildungsgrad auf (o. A. 2010).[131] Außerdem könnten insbesondere Meinungsführer (s. o.) tangiert werden, die in bestimmten lokalen Kontexten aktiv sind und daher andere Bürger davon überzeugen mögen, dass der Klimawandel sie betrifft. Wichtige Adressaten sind allgemein auch Menschen, die sich für Ereignisse an ihrem Wohnort interessieren. Bei den MedienNutzerTypen zählen dazu besonders Aktiv Familienorientierte, Häusliche und Vielseitig Interessierte (Feuerstein 2010: 55).

Mit der Strategie, einen persönlichen Bezug zum Klimawandel herzustellen, ist die Herausforderung verknüpft, individuelle Handlungsmöglichkeiten darzulegen. Was kann jeder einzelne tun und welche Medieninhalte und -typen können einen ‚klimafreundlichen' Lebensstil fördern.

3.7   Individuelle Handlungsmöglichkeiten und Partizipation kommunizieren

Saffron O'Neill und Sophie Nicholson-Cole (2009: 375) zufolge erreichen Kommunikationsansätze, die individuelle persönliche Bezüge berücksichtigen – wie etwa Wertevorstellungen oder die konkrete Umgebung – eher als Schreckensbotschaften, dass sich Rezipienten mit dem Thema Klimawandel beschäftigen. Für ein Aufzeigen von Handlungsoptionen sprechen auch empirische Studien, laut denen Menschen nicht das Gefühl haben, über genügend Informationen zu verfügen, was sie angesichts des Klimawandels in ihrem Alltag tun könnten (z. B. Lowe et al. 2006: 19f.).

In diesem Zusammenhang ist es auch zentral, die Gründe zu entkräften, die viele Menschen von einem ‚klimafreundlicheren' Verhalten abhalten. Zu den zentralen Hinderungsgründen, die die von Lorenzoni et al. (2007: 450f.) Befragte anführen, gehören vor allem Wissensdefizite, das heißt konkret eine empfundene Unsicherheit darüber, dass der Klimawandel zu großen Teilen menschlich verursacht ist sowie ein mangelndes Vertrauen in Informationsquellen, vor allem in

---

131 Zu genaueren User-Daten von Facebook-Angeboten vgl. http://www.appdata.com/ (Abruf: 15.08.2011)

Massenmedien und in die Industrie. Außerdem nehmen viele der Befragten den Klimawandel als eine entfernte Bedrohung wahr (die nicht einen selber, sondern andere Regionen und die ferne Zukunft betreffen). Auch ein Fatalismus, im Sinne von ‚es ist ohnehin zu spät', sowie das Gefühl der Hilflosigkeit hindern dieser Untersuchung zufolge viele Menschen daran, aktiv zu werden oder ihren Lebensstil zu ändern (Lorenzoni et al. 2007: 447).

Viele Menschen stufen Verhaltensänderungen als nicht passend zu ihrem Lebensstil ein oder verweisen auf eine Infrastruktur, die keine Verhaltensänderungen erlaube. Einem ‚Green Living' hafte zudem oft ein negatives Image, als ‚hippy', ‚weird' oder ‚öko' an, stellen David Ockwell, Lorraine Whitmarsh und Saffron O'Neill (2009: 308) fest. Ihnen zufolge argumentieren viele Menschen zudem, umweltfreundliche Verhaltensänderung seien zu teuer (Ockwell / Whitmarsh / O'Neill 2009: 308).

Eine Kommunikationsstrategie könnte also darin bestehen, einen ‚grünen' Lebensstil ‚cool' zu machen – im Sinne des LOHA-Ansatzes – und die Praktikabilität von Handlungen sowie Einsparmöglichkeiten zu betonen.

Ein Herausstreichen von Handlungsmöglichkeiten mag auch bei der Kluft zwischen der Absicht und dem tatsächlichen Handeln ansetzen, auf die verschiedene Autoren hinweisen. So unterscheidet zum Beispiel Lorraine Whitmarsh (2007: 13f.) (in Anlehnung an Stern 2000) in wirkungsvolles („impact-oriented behaviour") und in beabsichtigtes Verhalten („intent-oriented behaviour"). Oft sind andere oder indirekte Gründe für Handlungen ausschlaggebend als der ausdrückliche Wille, den Klimawandel (im Sinne der Mitigation) zu vermeiden oder abzumildern (Lorenzoni et al. 2007: 13). Zugleich assoziieren Menschen ein Verhalten als ‚klimafreundlich' oder wählen Verhaltensweisen aus, um ‚das Klima zu schützen', die aus wissenschaftlicher Sicht nicht oder kaum relevant für die Mitigation sind (wie etwa Recycling).

Eine Herausforderung für die Klimakommunikation stellt dabei auch der ‚Single Action Bias' dar: Demnach neigen Menschen dazu, Entscheidungen zu vereinfachen, indem sie sich auf eine Handlung konzentrieren und nicht darüber hinaus agieren. Denn die gelernte Handlung war insofern erfolgreich, als dass sie ihre Besorgnisse vermindert beziehungsweise ihr Gewissen beruhigt hat (Shome / Marx 2009: 21). Daraus mag man schlussfolgern, dass es notwendig ist, verschiedene Handlungsoptionen und ihre Kombination zu kommunizieren und ein Dazulernen zu fördern.

Die Bereitschaft, überhaupt individuell zu handeln, indem man Verhaltensweisen ändert oder in eine energiesparendere Haushaltsausstattung investiert, hängt davon ab, wie Personen die Wirksamkeit ihres Konsumverhalten und ihres bürgerschaftlichen Handelns einschätzen (Arlt / Hoppe / Wolling 2010: 20f.). Da diese Macht begrenzt ist, erachten viele Stimmen eine alleinige Fokussierung auf individuelle Handlungsveränderungen als wenig sinnvoll (z. B. Ockwell / Whitmarsh / O'Neill 2009: 305). Kritiker einer solchen Konzentration argumentieren auch, dass die Politik so aus ihrer Verantwortung für umfassende Maßnahmen entlassen werde. Es drohe die Gefahr, die Rolle des Einzelnen zu überschätzen.

Eine Gruppe von Wissenschaftlern, die über Medien und den Klimawandel diskutierten, kam daher zu dem Schluss, dass der Einzelne nicht nur als Konsument, sondern vor allem auch als Bürger zu adressieren sei – als Bürger, der im Sinne des ‚Klimaschutzes' Druck auf politische Vertreter ausübt und umfassende politische Entscheidungen (die über individuelle Handlungsschritte hinaus gehen) begünstigt (Bird et al. 2009: 7).

So gesehen ist es sinnvoll, nicht nur Einzelpersonen, sondern auch Gruppen oder Einzelpersonen als Teil einer Community anzusprechen. Auch Shome und Marx (2009: 28) plädieren dafür, Gruppen in der Klimakommunikation zu tangieren, denn diese könnten über Klimathemen diskutieren – während Individuen diese allein verstehen müssten.

In diesem Zusammenhang gilt es auch, Partizipation zu kommunizieren, ganz im Sinne der „neue[n] Kultur der Teilhabe", die der Klimawandel laut dem Politologen Claus Leggewie notwendig macht, oder ganz im Sinne der gesellschaftlichen „ökologisch-kulturellen Revolution", von der Katharina Narbutovič und Susanne Stemmler (2011: 11) in ihrem Band „Über Lebenskunst" sprechen. In diesen Fällen nimmt die Auseinandersetzung mit dem Klimawandel philosophische Dimensionen an. Bricht man diese Überlegungen auf eine praktische ‚Klimakommunikation' herunter, lässt sich resümieren, dass eine politische Teilhabe und Einflussnahme durch Gruppen und Bürger sowie individuelle Handlungsoptionen zu kombinieren und gemeinsam anzusprechen sind.

Gerade soziale Medien scheinen geeignet, beide Seiten zu vereinen: Plattformen und Social Games können Gruppen adressieren und die gemeinsame, aber auch individuelle Handlungsmacht betonen. So schaffen bekannte bestehende Facebook-Spiele bereits oft, ohne dezidiert politischen Anspruch, einen entsprechenden Spagat zwischen kollektivem und individuellem Agieren: Das individuelle Handeln des Spielers beeinflusst die Community.

Wenn es darum geht, einen ‚klimafreundlichen' Lebensstil abzubilden beziehungsweise zu propagieren, sind zudem speziell non-fiktionale Verbrauchermagazine oder TV-Unterhaltungssendungen mit einem starken Alltagsbezug wie Daily Soaps geeignete Medientypen. Im Internet scheinen besonders Ratgeber- und Verbraucherseiten mit Bewertungsoptionen und soziale Netzwerke (wie etwa *Daily Feat*) relevant, auf denen Rezipienten ihr Konsumverhalten dokumentieren und miteinander vergleichen können.

Zentrale Zielgruppen sind einmal mehr Meinungsführer, hier konkret solche, die andere Menschen zu klimarelevanten Handlungen ermutigen können und bei Lebensstil und Konsum eine Vorbildrolle innehaben. Außerdem könnten besonders Bevölkerungsgruppen angesprochen werden, die für einen umwelt- und klimabewussten Konsum offen sind, wie etwa die so genannten LOHAS-Konsumenten. LOHAS kürzt „Lifestyles of Health and Sustainability" und steht für Lebensformen, die Genuss und Nachhaltigkeit vereinen sollen. Der ‚Wohlfühlfaktor' bei einem nachhaltigen Konsum wird betont. Der MedienNutzerTypologie zufolge sind speziell die Zielstrebigen Trendsetter für solch einen ‚LOHAS-Lifestyle' empfänglich.

LOHAS-Kritikern ist die Verknüpfung von bewusstem, oft hochwertigem Konsum und Lifestyle mit Nachhaltigkeit suspekt. Sie befürchten ein ‚Green Washing' von Konsumgütern (z. B. o. A. / tier-im-fokus.ch 2009). Eine alleinige Fokussierung auf LOHAS-Vertreter wäre auch insofern problematisch, als diese Bevölkerungsgruppe noch nicht hinreichend untersucht und zum Teil eventuell nur eine behauptete Größe ist. Auch besteht die Gefahr, sich zu stark auf eine urbane Elite der Besserverdienenden zu konzentrieren. Sinnvoller ist es wohl, verschiedene Gesellschaftsgruppen – gegebenenfalls mit jeweils unterschiedlichen *Framings* – zu tangieren.

Die Verfasser der Studie „Umweltbewusstsein in Deutschland" interpretieren aus den empirischen Ergebnissen, dass sich Angehörige des Traditionellen Milieus stärker auf eine Argumentation einlassen würden, die auf Einsparungen und Bürgerpflicht abstellt, während für Angehörige des Liberal-intellektuellen Milieus Aspekte wie Verantwortungsübernahme und Modernität eine Rolle spielen (BMU / UBA 2010: 36). Insgesamt zeige sich klar, dass die sozialen Milieus die verschiedenen klimapolitischen Instrumente unterschiedlich bewerten:

> Bei Maßnahmen, die als belastend für das Haushaltsbudget wahrgenommen werden (z. B. höhere Besteuerung), zeigen die weniger begüterten Milieus deutliche Zurückhaltung. Bei Maßnahmen, die als reglementierend empfunden werden (z. B. mehr gesetzliche Vorschriften), kommen offenbar zusätzlich zu Einkommens- und Statusfragen auch Fragen der Wertorientierungen und Lebensstile ins Spiel: Konsum- und spaßorientierte Milieus stehen stärkeren Reglementierungen daher oft sehr skeptisch gegenüber. Daraus folgt umgekehrt, dass Klimapolitik dann mit einer breiten Akzeptanz rechnen kann, wenn sie mindestens als einkommensneutral sowie als Erweiterung von Handlungsoptionen angesehen werden kann und nicht als Einschränkung (BMU / UBA 2010: 37).

Die Studie bilanziert außerdem, dass das Expeditive Milieu eine schlechte CO_2-Bilanz habe, Kompensationszahlungen und klimafreundlichen Geldanlagen aber offen gegenüber stehe (BMU / UBA 2010: 75). Für diese Zielgruppe könnten also handlungsorientierte Botschaften, die nicht per se Verzicht predigen, sinnvoll sein. Informationsdefizite, auf die Unzulänglichkeiten beim ‚klimafreundlichen Handeln' möglicherweise zurückgehen, bestehen dieser Untersuchung zufolge speziell bei den weiblich dominierten Adaptiv-Pragmatischen, die als sehr konsumfreudig und zumindest in Teilen für Öko-Produkte offen gelten (BMU / UBA 2010: 76).

Gerade bei solchen Lifestyle- und Konsumorientierten Zielgruppen und in Hinblick auf die Frage, wie sich Handlungsmöglichkeiten vermitteln lassen, ist auch die Prämisse zentral, den Klimawandel positiv und unterhaltend zu kommunizieren.

3.8   Positiv und unterhaltsam kommunizieren

In den medialen Darstellungen des Klimawandels dominieren bislang „dramatic, sensational, fearful, shocking, and other climate change representations" (O'Neill / Nicholson-Cole 2009: 375). Es mangelt also an Repräsentationen, die auch positive Aspekte – wie etwa Chancen bei gesellschaftlichen Veränderungen – berücksichtigen und die Handlungsmöglichkeiten aufzeigen (Vávra 2008: 61). Die stattdessen vorherrschenden Schreckensbilder können O'Neill und Nicholson-Cole (2009: 375) zufolge zu problematischen Rezeptionsmustern führen: Es sei denkbar, dass Menschen sich von diesem negativ behafteten Thema distanzierten und eine Abwehrhaltung entwickelten, die bis hin zu Leugnung oder dem Bezweifeln des Klimawandels führen könne. Außerdem sei zu befürchten, dass Rezipienten sich hilflos fühlten und keine Handlungsoptionen erkennen beziehungsweise Bezüge zu ihrem eigenen Handeln herstellen würden.

Auch Shome und Marx (2009: 21) raten, psychologisch argumentierend, davon ab, primär auf Schreckensszenarien in der Kommunikation zu setzen, denn Menschen verfügten über begrenzte Befürchtungs-Kapazitäten, das heißt sie können sich nicht über zu viele Dinge sorgen. Bei Schreckensszenarien besteht daher auch die Gefahr der emotionalen Betäubung, des Abstumpfens. Die Besorgnis um den Klimawandel kann rasch von einem anderen, etwa aktuelleren oder unmittelbareren Thema abgelöst werden (wie etwa Sorgen um die Wirtschaftskrise). Shome und Marx (2009: 11) kommen in diesem Zusammenhang auch auf den „gain vs. loss frame" zu sprechen und weisen darauf hin, dass psychologischen Untersuchungen zufolge die negativen Gefühle bei einem Verlust die positiven Gefühle bei einem gleichwertigen Gewinn überwiegen würden.

Schreckens- und Katastrophenszenarien sind trotz alledem nicht pauschal abzulehnen. Kombiniert mit anderen Inhalten können sie ein geeignetes Kommunikationsmittel sein, denn sie erreichen Aufmerksamkeit und mögen so dazu beitragen, dass Rezipienten das Thema Klimawandel als wichtig erachten (O'Neill/ Nicholson-Cole 2009: 375f.). Außerdem macht eine Katastrophenmetaphorik das abstrakte Sujet Klimawandel sinnlich erfahrbar, wie Yvonne Vávra (2008: 61) in ihrer Arbeit zum Klimawandel im Dokumentarfilm darlegt.

Es geht also weniger darum, auf die bislang vorherrschenden Negativbotschaften gänzlich zu verzichten als vielmehr darum, mit positiven Inhalten anzureichen und zu kombinieren. Für ein positives *Framing* eignen sich speziell unterhaltende Medienangebote. Wie bereits festgestellt wurde, stammen Medientexte zum Klimawandel aber bis dato zu großen Teilen aus dem Informations- / Nachrichtenbereich, der sich ohnehin eher auf negative Neuigkeiten fokussiert, denn Negativität ist ein entscheidender News-Faktor (Kunczik / Zipfel 2005: 256).

Eine Klimakommunikation in Unterhaltungsformaten hingegen könnte sich auch auf emotionale Aspekte der Rezeption fokussieren und so den wichtigen psychologischen Hinweis berücksichtigen, dass das menschliche Gehirn nicht nur aus einem analytisch arbeitenden System besteht (Shome / Marx 2009: 15). Shome und Marx (2009: 15) zufolge ist vielmehr auch ein Erfahrungen verarbeitendes und darauf bezogenes System relevant, auf dem Gefühle und Instinkte beruhen. Um Menschen stärker zu ‚klimafreundlichen' Verhaltensänderungen zu motivieren, müsste auch das letztere System angesprochen werden.

Neben diesen psychologischen Gründen sprechen, wie bereits angedeutet wurde, auch Nutzerdaten dafür, sich auf Unterhaltungs-Medien zu fokussieren. „Setzt man Angebots- und Nutzungsanteile in Relation, so bestätigen sich traditionell bekannte Befunde: Unterhaltungsangebote und Fiction werden stärker nachgefragt als angeboten", schreiben Gerhards und Klingler (2008: 663) zum deutschen TV-Markt. Sie unterstreichen zudem, dass jüngere Zuschauer klar Unterhaltungsformate bevorzugten.

Unterhaltungsmedien könnten also vor allem jüngere Zielgruppen erreichen. „In den Altersgruppen drei bis 13 Jahre, 14 bis 29 Jahre und schließlich bei den 30- bis 49-Jährigen lag der Anteil für Fictionnutzung über dem Zeitbudgetanteil für Information und Infotainment", konstatieren Gerhards und Klingler (2008: 663). Für jüngere Nutzer des Internets gilt ebenso, dass sie Unterhaltungs-Angebote bevorzugen (SevenOne Media 2010: 28f.).

Die von neuen Medien, Unterhaltung und Fiction charakterisierte Medienrezeption junger Menschen ließe sich allgemein vielleicht auch als transkulturell bezeichnen (Krauß 2012). Denn gerade sie sind die quantitativ gestiegenen globalen Kommunikationswege gewohnt und von diesen geprägt. Sie rezipieren

Medien verschiedener Art, die von Beginn an für eine länderübergreifende Kommunikation konzipiert wurden.

4   Fazit und Ausblick

Ein ehrgeiziges Ziel einer Klimakommunikation könnte auch darin bestehen, das globale Sujet ‚Klimawandel' entsprechend transnational, weit über Deutschland hinaus, zu transportieren. Das theoretische Konzept der „deterritorialisierte[n] Erlebniswelten" (Hepp 2006: 154) – das heißt Settings, die Medieninhalte wie Filme für verschiedene Zuschauer öffnen – ist hier ein erster möglicher Anknüpfungspunkt. Eine transnationale Klimakommunikation könnte versuchen, Settings möglichst abstrakt anzulegen (etwa als Fantasie- und Zukunftswelten) oder sich auf Orte beziehen, die durch Medien global oder zumindest bei vielen Zuschauern etabliert sind (das offenkundigste Beispiel ist wohl New York). Zugleich müssen transnationale / -kulturelle Medien dem Rezipienten Anknüpfungspunkte zu seiner eigenen Lebenswelt bieten, etwa indem universelle oder zumindest für viele Rezipienten relevante Themen behandelt werden. Hier ist es sinnvoll, die transnationale Kommunikation mit lokalen Fallbeispielen anzureichern, zumal global zirkulierende Medieninhalte ohnehin oft eine Lokalisierung erfahren, etwa indem sie an bestimmte Sprach- und Kulturregionen angepasst werden.

So wie man Globalisierung und Lokalisierung in Folge dessen nicht getrennt voneinander denken kann, hängen viele inhaltliche Aspekte und *Framings* einer Klimakommunikation miteinander zusammen. Beispielsweise ist es sinnig, neben individuellen Handlungsmöglichkeiten auch die politische, kollektive Verantwortung zu kommunizieren, die der Bürger wiederum beeinflussen kann.

Generell gilt es, größere Zusammenhänge im Blick zu behalten, wenngleich es zunächst instruktiv ist, mit einzelnen *Framings* Themen des Klimawandels zu konkretisieren, erfahrbar zu machen und auf bestimmte Zielgruppen und Medientexte auszurichten. Idealerweise ergänzen sich diese verschiedenen Medieninhalte, Formate und Medientypen *transmedial* und ermöglichen im Zusammenspiel eine *Complexity-on-demand*-Kommunikation mit unterschiedlichen Komplexitätsstufen: für verschiedene User- und Interessensgruppen.

Um ein breiteres Publikum zu erreichen und neue Narrationen jenseits der fest getretenen Kommunikationspfade zu finden, sind auch audiovisuelle Unterhaltungsformate und neue Medien einzubinden. Gerade soziale Medien können den Rezipienten als aktiven Teil der Klimakommunikation involvieren und so unterstreichen, dass verschiedenste Gesellschaftsakteure zu einer neuen Partizipations-Kultur beitragen müssen. „Die Eindämmung von und die Anpassung an den Klimawandel setzt [...] eine neue Kultur der Teilhabe und eine politische Mobilisierung voraus, die bei der Bürgergesellschaft nicht allein oberflächliche oder resignierte Akzeptanz sucht, sondern sie als Mitgestalterin und Hauptverantwortliche für das Gelingen einer großen Transformation anerkennt und in Bewegung setzt", pointiert Leggewie (2010). Im besten Fall wird die Klimakommunikation zum Bestandteil dieser großen Transformation, die keineswegs nur technische Aspekte umfasst.

Literatur

ARD / ZDF-Onlinestudie (2009): Grundcharakteristik der MedienNutzerTypologie 2.0, online abrufbar unter http://www.ard-zdf-onlinestudie.de/index.php?id=238 (Abruf: 31.05.2012)

Arlt, Dorothee, Imke Hoppe and Jens Wolling. 2010. Klimawandel und Mediennutzung: Wirkungen auf Problembewusstsein und Handlungsabsichten. In: Medien & Kommunikationswissenschaft, 1, S. 3-25

Bird, Helen; Max Boykoff; Mike Goodman; Jo Littler und George Monbiot (2009): The media and climate change. In: Eurozine, 11.01.2010 (zuerst veröffentlicht in Soundings, 43 / 2009), online abrufbar unter: http://www.eurozine.com/articles/2010-01-11-discussion-en.html (Stand: 15.02.2010)

Boykoff, Max (2010): Indian media representations of climate change in a threatened journalistic ecosystem. In: Climatic Change, Februar 2010, S. 17-25

Boykoff, Maxwell T. und Jules M. Boykoff (2004): Balance as bias: global warming andthe US prestige press. In: Global Environmental Change, 14, S. 125-136.

Bundesministerium für Umwelt Naturschutz und Reaktorsicherheit (BMU) and Umweltbundesamt (UBA). 2010. Umweltbewusstsein in Deutschland 2010: Ergebnisse einer repräsentativen Bevölkerungsumfrage. Dessau-Roßlau, Berlin, online abrufbar unter http://www.umweltdaten.de/publikationen/fpdf-l/4045.pdf (Abruf: 30.05.2012)

Doyle, Julie (2011): Mediating Climate Change. Farnham, Burlington: Ashgate

Feierabend, Sabine und Walter Klingler (2011): Was Kinder sehen: Eine Analyse der Fernsehnutzung Drei- bis 13-Jähriger 2010. In: Media Perspektiven, 4, S. 170-181

Feuerstein, Sylvia (2010): Zur Grundcharakteristik der einzelnen MedienNutzerTypen. In: Oehmichen, Ekkehardt und Christa-Maria Ridder (Hrsg.): Die MedienNutzerTypologie 2.0: Aktualisierung und Weiterentwicklung des Analyseinstruments. Baden-Baden: Nomos, S. 31-56

Gerhards, Maria und Walter Klingler (2008): Sparten- und Formattrends im deutschen Fernsehen. In: Media Perspektiven, 12, S. 662-678

Hepp, Andreas (2006): Über Filme, die reisen: Transkulturelle Filmkommunikation in Zeiten der Globalisierung der Medien. In: Rüffert, Christine; Irmbert Schenk; Karl-Heinz Schmid und Alfred Tews; Berliner Symposium zum Film (Hrsg.): Experiment Mainstream? Differenz und Uniformierung im populären Kino. Berlin: Bertz, S. 141-160

Hippel, Klemens (1992): Parasoziale Interaktion. In: montage a/v, 11, S. 135-150

Kahan, Dan M.; Ellen Peters; MaggieWittlin; Paul Slovic; Lisa Larrimore Ouellette; Donald Braman und Gregory Mandel (2012): The polarizing impact of science literacy and numeracy on perceived climate change risks. In: nature climate change, 27.05.2012, online abrufbar unter: http://www.nature.com/nclimate/journal/vaop/ncurrent/pdf/nclimate1547.pdf (Abruf: 29.05.2012)

Knipphals, Dirk (2011): Umweltschutz als Gesellschaftsdrama. In: die tageszeitung, 11.06.2011

Koschnick, Wolfgang J. (2011): Sinus-Milieus. In: Koschnick, Wolfgang J.: Lexikon Werbeplanung – Mediaplanung Marktforschung – Kommunikationsforschung – Mediaforschung, online abrufbar unter: http://www.medialine.de/deutsch/wissen/medialexikon.php?stichwort=Sinus&x=0&y=0 (Abruf: 25.07.2011)

Krauß, Florian (2011): persönliche Kommunikation mit Ephraim Broschkowski, Potsdam, Dezember 2011

— (2012): Bollyworld Neukölln: MigrantInnen und Hindi-Filme in Deutschland. Konstanz: UVK

Krüger, Udo Michael (2009): Zwischen Spaß und Anspruch: Kinderprogramme im deutschen Fernsehen. In: Media Perspektiven, 8, S. 413-431

Krüger, Udo Michael und Thomas Zapf-Schramm (2009) Politikthematisierung und Alltagskultivierung im Infoangebot. Programmanalyse 2008 von ARD / Das Erste, ZDF, RTL, SAT.1 und ProSieben. In: Media Perspektiven, 4, S. 201-222

Kunczik, Michael und Astrid Zipfel (2005): Publizistik: ein Studienhandbuch. Köln: UTB

Leggewie, Claus (2010): Futur Zwei. Klimawandel als Gesellschaftswandel. In: Politik und Zeitgeschichte (APuZ 32-33/2010), online abrufbar unter: http://www.bpb.de/publikationen/483BA5,1,0,Futur_Zwei_Klimawandel_als_Gesellschaftswandel.html#art1 (Abruf: 15.03.2012).

Leimann, Eric (2011): Die ARD-Soap „Verbotene Liebe" läuft ab 21. Juni im täglichen 45 Minuten-XL-Format. In: Weser Kurier, 27.05.2011

Lorenzoni, Irene; Sophie Nicholson-Cole und Lorraine Whitmarsh (2007): Barriers perceived to engaging with climate change among the UK public and their policy implications. In: Global Environmental Change, 17, S. 445-459

Lowe, Thomas; Katrina Brown; Suraje Dessai; Miguel de França Doria; Kat Haynes und Katharine Vincent (2006): Does tomorrow ever come? Disaster narrative and public perceptions of climate change. In: Public Understanding of Science 15, S. 435-457.

Maibach, Edward und Susanna Hornig Priest (2009): No More 'Business as Usual': Addressing Climate Change Through Constructive Engagement (Editorial). In: Science Communication, 3, S. 299-304

Mikos, Lothar. 2008. Film- und Fernsehanalyse. 2. Auflage. Konstanz: UVK

Mildner, Annika; Michaela Lühr; Elke Neumann; Nadine Piepenburg und Andreas Westendorf (2005): Milieukonzepte im Diskurs: Eine kritische Auseinandersetzung. Hausarbeit in Sozialwissenschaften. Berlin: Humboldt-Universität, online abrufbar unter: http://www.ungleichzeitig.de/texte/papers/Milieukonzepte.pdf (30.05.2012)

Narbutovic, Katharina und Susanne Stemmler. (2011): Über Lebenskunst - ein Seiltanz über mannigfaltige Welten. In: dies. (Hrsg.): Über Lebenskunst: Utopien nach der Krise. Berlin: Suhrkamp, S. 9-16

o. A. (2010): Markt-Media-Studie integriert neue Sinus-Milieus. In: absatzwirtschaft.de, 13.12.2010, online abrufbar unter: http://www.absatzwirtschaft.de/content/marktforschung/news/markt-media-studie-integriert-neue-sinus-milieus;73202 (Abruf: 23.08.2011)

o. A. / Tier-im-fokus.ch (2009): LOHAS: Lifestlyle oder Label. In: Tier-im-fokus.ch, online abrufbar unter: http://www.tier-im-fokus.ch/info-material/info-dossiers/lohas-lifestyle_oder_label/#zwischentitel_05 (Abruf: 29.05.2012)

Ockwell, David; Lorraine Whitmarsh und Saffron O'Neill (2009): Change Communication for Effective Mitigation: Forcing People to be Green or Fostering Grass-Roots Engagement? In: Science Communication, 3 , S. 305-327

O'Neill, Saffron und Sophie Nicholson-Cole (2009): "Fear Won't Do It": Promoting Positive Engagement With Climate Change Through Visual and Iconic Representations. In: Science Communication, 3, S. 355-379

Peters, Hans Peter und Harald Heinrichs (2005): Öffentliche Kommunikation über Klimawandel und Sturmflutrisiken: Bedeutungskonstruktion durch Experten, Journalisten und Bürger. Jülich: Forschungszentrum Jülich GmbH

Post, Senja (2008): Klimakatastrophe oder Katastrophenklima? Die Berichterstattung über den Klimawandel aus Sicht der Klimaforscher. München: Fischer

Rahmstorf, Stefan (2004): Die Klimaskeptiker. In: Münchener Rück (Hrsg.): Wetterkatastrophen und Klimawandel. Sind wir noch zu retten? Sauerlach: Pg Medien, S. 76-83

Rhomberg, Markus (2009): Die Massenmedien in der Risikokommunikation des Klimawandels: Eine systemtheoretische Beobachtung. DVPW-Jahrestagung 2009, Panel „Regieren im Klimawandel", Sektion „Regierungssystem und Regieren in der BRD", Kiel

Sampei, Yuki und Midori Aoyagi-Usui (2009): Mass-media coverage, its influence on public awareness of climate-change issues, and implications for Japan's national campaign to reduce greenhouse gas emissions. In: Global Environmental Change, 19, S. 203-212.

Schäfer, Mike S.; Ana Ivanova und Andreas Schmidt (2011): Globaler Klimawandel, globale Öffentlichkeit? Medienaufmerksamkeit für den Klimawandel in 23 Ländern. In: Studies in Communication / Media (SCM), Kurzversion (Research-in-brief), online abrufbar unter: http://www.scm.nomos.de/archiv/2011/heft-1/beitrag-schaeferivanovaschmidt/ (Abruf: 07.03.2012).

Schultz, Tanjev (2004): Rezension zu „Ekkehard Oehmichen, Christa-Maria Ridder (Hg.): Die MedienNutzerTypologie. Ein neuer Ansatz der Publikumsanalyse". In: MEDIENwissenschaft, 1, S. 122-124

SevenOne Media (2010): Navigator 04: Mediennutzung 2010: online abrufbar unter: http://appz.sevenonemedia.de/download/publikationen/Navigator_04_Mediennutzung.pdf (Abruf: 15.07.2011).

Shome, Debika und Sabine Marx. (2009): The Psychology of Climate Change Communication. Center for Research on Environmental Decisions, online abrufbar unter: http://www.cred.columbia.edu/guide/pdfs/CREDguide_full-res.pdf (Abruf: 16.03.2012)

SINUS Institut (2011): Die Sinus-Milieus (Informationsblatt für Studierende). online abrufbar unter: http://www.sinus-institut.de/fileadmin/dokumente/Infobereich_fuer_Studierende/Infoblatt_Studentenversion_2010.pdf (Abruf: 25.07.2011).

Stern, Paul C. (2000): Toward a coherent theory of environmentally significant behavior. In: Journal of Social Issues, 56, S. 407-424

Theel, Shauna (2011): Wallace Encourages Fox Viewers To Remain Misinformed On Climate Change. In: Media Matters, 27.06.2011, online abrufbar unter: http://mediamatters.org/mobile/blog/201106270010 (Abruf: 19.07.2011)

Vávra, Yvonne (2008): Fiktionale Wahrheit: Der Klimawandel im Dokumentarfilm (Diplomarbeit im Studiengang AV-Medienwissenschaft). Potsdam: Hochschule für Film und Fernsehen „Konrad Wolf" (unveröffentlichtes Manuskript)

Warth, Stefan, Silke Schneider and Daniel Schmeißer (2010): User-Experience von Kindern im Internet: Zur Rolle des Internets bei den „Digital Natives". In: Media Perspektiven, 1, S. 19-27

Whitmarsh, Lorraine (2009): Behavioural responses to climate change: Asymmetry of intentions and impacts. In: Journal of Environmental Psychology, 29, S. 13-23

Wissenschaftlicher Beirat der Bundesregierung Globale Umweltveränderungen (WBGU). (2011): Welt im Wandel: Gesellschaftsvertrag für eine Große Transformation: Zusammenfassung für Entscheidungsträger. Berlin: WBGU, online abrufbar unter: http:// www.wbgu.de/fileadmin/templates/dateien/veroeffentlichungen/hauptgutachten/ jg2011/wbgu_jg2011_ZfE.pdf (Abruf: 06.03.2012)

Zubayr, Camille und Heinz Gerhard (2010): Tendenzen im Zuschauerverhalten: Fernsehgewohnheiten und Fernsehreichweiten im Jahr 2009. In: Media Perspektiven, 3, S. 106-118

— 2011. Tendenzen im Zuschauerverhalten: Fernsehgewohnheiten und Fernsehreichweiten im Jahr 2010. In: Media Perspektiven, 3, S. 126-138

Webseiten:

http://www.appdata.com/ (Abruf: 30.05.2012)

http://www.dailyfeats.com (Abruf: 19.07.2011)

GILDED, Governance, Infrastructure, Lifestyle Dynamics and Energy Demand: European Post-Carbon Communities, http://www.gildedeu.org/de/node/36 (Abruf: 30.05.2012)

http://www.scienceprogress.org/2010/11/climate-rapid-response/

Medien

Thomas Schick / Tobias Ebbrecht (Hrsg.)
Kino in Bewegung
Perspektiven des deutschen
Gegenwartsfilms

2011. 386 S. (Film, Fernsehen, Medien-
kultur. Schriftenreihe der Hochschule für
Film und Fernsehen „Konrad Wolf") Br.
EUR 29,95
ISBN 978-3-531-17489-1

Susanne Eichner / Lothar Mikos /
Rainer Winter (Hrsg.)
Transnationale Serienkultur
Theorie, Ästhetik, Narration
und Rezeption neuer Fernsehserien

2011. ca. 380 S. (Film, Fernsehen, Medien-
kultur. Schriftenreihe der Hochschule für
Film und Fernsehen „Konrad Wolf") Br.
ca. EUR 39,95
ISBN 978-3-531-17868-4

Andreas Hepp
Medienkultur
Die Kultur mediatisierter Welten

2011. ca. 160 S. (Medien – Kultur –
Kommunikation) Br. ca. EUR 14,95
ISBN 978-3-531-17217-0

Hans J. Kleinsteuber
Radio
Eine Einführung

2011. ca. 280 S. Br. ca. EUR 24,95
ISBN 978-3-531-15326-1

Peter Ludes
Module internationaler Medienwissenschaften
Eine Einführung

2011. ca. 200 S. mit Online-Service. Br.
ca. EUR 19,95
ISBN 978-3-531-18247-6

Claudia Wegener / Mariann Gibbon /
Jesko Jockenhövel
3D-Kino
Studien zur Rezeption und Akzeptanz

2011. ca. 144 S. (Film, Fernsehen, Medien-
kultur. Schriftenreihe der Hochschule für
Film und Fernsehen „Konrad Wolf") Br.
ca. EUR 19,95
ISBN 978-3-531-17901-8

Michael Wedel (Hrsg.)
Special Effects in der Wahrnehmung des Publikums
Beiträge zur Wirkungsästhetik
und Rezeption transfilmischer Effekte

2012. ca. 280 S. (Film, Fernsehen, Medien-
kultur. Schriftenreihe der Hochschule für
Film und Fernsehen „Konrad Wolf") Br.
ca. EUR 29,95
ISBN 978-3-531-17465-5

Erhältlich im Buchhandel oder beim Verlag.
Änderungen vorbehalten. Stand: Juli 2011.

Einfach bestellen:
SpringerDE-service@springer.com
tel +49 (0)6221 / 345 – 4301
springer-vs.de

 Springer VS

Kommunikationswissenschaft

Hans-Jürgen Bucher /
Peter Schumacher (Hrsg.)
**Interaktionale
Rezeptionsforschung**
Theorie und Methode der Blick-
aufzeichnung in der Medienforschung
2012. ca. 250 S. Br. ca. EUR 29,95
ISBN 978-3-531-17718-2

Andreas Fahr
Rezeptionsprozesse
Grundlagen, Messung,
Anwendungsfelder
2012. ca. 300 S. Br. ca. EUR 24,95
ISBN 978-3-531-18214-8

Thorsten Quandt /
Bertram Scheufele (Hrsg.)
Ebenen der Kommunikation
Mikro-Meso-Makro-Links in der
Kommunikationswissenschaft
2012. ca. 384 S. Br. ca. EUR 49,95
ISBN 978-3-531-17210-1

Ulrike Röttger / Sarah Zielmann (Hrsg.)
PR-Beratung in der Politik
Rollen und Interaktionsstrukturen
aus Sicht von Beratern und Klienten
2012. ca. 200 S. Br. ca. EUR 24,95
ISBN 978-3-531-17723-6

Heike Scholten / Klaus Kamps / Guido
Schommer / Ingo Seeligmüller (Hrsg.)
**Politische Kampagnen in der
Referendums-Demokratie**
2011. ca. 400 S. Br. ca. EUR 34,95
ISBN 978-3-531-16660-5

Hartmut Wessler
Habermas und die Medien
2012. ca. 160 S. Br. EUR 24,95
ISBN 978-3-531-17554-6

Erhältlich im Buchhandel oder beim Verlag.
Änderungen vorbehalten. Stand: Juli 2011.

Einfach bestellen:
SpringerDE-service@springer.com
tel +49 (0)6221 / 3 45 – 4301
springer-vs.de

 Springer VS